'우리는 왜 대학에 가는가'에 답하라!

10대를 위한 진로노트

'우리는 왜 대학에 가는가'에 답하라!

10대를 위한 진로노트

신현정 저

역락

머리말

'중2병'에 이어 최근 '대2병'이란 신조어가 유행하고 있습니다. 12년간의 끔찍한 입시지옥을 통과하여 드디어 대학생이 되었다는 기쁨이 채 가시기도 전에 그들을 엄습하는 불안과 허무, 그리고 끝없이 추락하는 자존감을 일컬어 우리는 '대2병'이라고 부릅니다. '대2병'은 원하면 누구나 대학에 진학할 수 있는 고등교육 보편화 시대와 주입식 교육이 낳은 일종의 사회적 병리 현상입니다. 다행히 '대2병'을 무사히 극복한 학생들은 자신만의 자아와 정체성을 확립하게 되지만, 반대로 잘 극복하지 못한 학생들은 '만성 무기력감'을 호소하는 우울증 환자로 전락하기도 하고, 때로는 '대학중도탈락'이라는 극단적인 선택을 하기도 합니다. 이제 '대2병'은 어느 특정 대학의 문제라기보다는 우리나라 전체 대학이 해결해야 할 과제가 되었습니다. 많은 대학들이 '대2병'을 해결하고자 주체적 인간형성을 위한 새로운 교육 구상에 골몰하고 있지만 아직은 뚜렷한 대책을 제시하지 못하고 있는 실정입니다.

그렇다면 대한민국 대학생들의 반 이상이 한번은 앓고 지나간다는 '대2병', 이 병의 가장 큰 특징은 무엇일까요? 우리는 이 병을 앓고 있는 이들에게서 대학에 진학했음에도 공부하는 것이 죽기보다 싫고, 자신이 왜 대학에 왔는지 그리고 앞으로 무엇을 해야 하는지에 대한 물음에 스스로 답하지 못한다는 공통점을 발견할 수 있습니다. 즉 이 병의 가장 큰 원인은 자신이 주체가 되어 자신의 인생에 대해 진지하게 고민해 보는 시간을 갖지 못한 채 대학에 진학한 것이라고 할 수 있습니다. 결국 모두가 대학을 욕망하니까 나도 대학을 욕망했을 뿐 자신이 진정으로 욕망하는 것이 무엇인지 모르는 상태라고 볼 수 있습니다. 물론 대입전쟁을 치르고 쟁취한 대학생활이 자신이 오랜 동안 꿈꾸던 모습과는 너무 다르고, 대학을 나와도 취업이 '하늘에 별 따기'인 암울한 현실 상황 또한 '대2병'의 또 다른 확산 요인인 것은 부정할 수 없는 사실입니다. 그러나 대학에 진학하는 목적이 단순히 고생에 대한 보답으로써의 낭만을 즐기기 위해서나 졸업 후 취·창업에 도움이 되어서만은 아닐 것입니다. 우리는 우리가 대학에 가는 진짜 이유를 자신의 주체적인 사고활동을 통해 스스로 규정할 수 있어야 학생(學生)으로서의 길었던 여정을 마무리하고 진정한 의미의 대학생(大學生)으로 거듭날 수 있습니다. 진정한 배움의 즐거움은 거듭난 대학생만이 느낄 수 있는 축복 같은 감정입니다.

그렇다면 어렵게 입학한 대학을 스스로 포기하게까지 만드는 무서운 '대2병'을 방지하기 위해서는 어떤 예방책이 필요할까요? 우선은 자신이 선택한 대하이나 학과가 자신의 꿈과 적성에 맞는 최선의 선택이라는 '자기 확신'이 필요합니다. 둘째는 대학에 입학하기 전에 나는 무엇을 위해 공부하고 무엇을 위해 대학에 가는지에 대해 스스로 성찰할 기회를 반드시 가져야 합니다. 마지막으로 진로에 대한 나의 결정이 옳았다는 것을 증명할 수 있는 것은 오로지 자신의 실천밖에 없음을 깨달아야 합니다. 우리의 청년들이 이 세 가지만 명심하고 있다면 '대2병'에 걸리지 않는 것은 물론 성공적인 대학생활을 영위할 수 있을 것입니다. 설령 '대2병'에 걸린다 해도 가벼운 감기처럼 금방 지나갈 것입니다. 제 생각엔 아프니까 청춘이 아니고 나으니까 청춘인 것 같습니다.

이 책은 대학진학을 앞 둔 10대 청소년이나 이미 대학에 진학한 청년들에게 '우리는 왜 대학에 가는지' 그리고 '어떻게 사는 것이 잘 사는 것인지'에 대한 근본적인 물음에 답할 수 있는 자기성찰의 시간을 제공함과 동시에 자신의 진로선택을 위한 구체적인 학습 활동을 지원하기 위해서 기획된 것입니다. 이 책의 구성대로 독자 여러분이 철학적 사유 방식을 통해 자기 삶의 목적성을 스스로 결정하고. 글로벌 CEO들과의 인터뷰 등을 통해 자신의 인생 롤모델을 스스로 찾아가며, 마지막으로 자신의 진로탐색과 진로설계를 위한 능동적 학습활동을 스스로 전개해 나갈 수 있다면 여러분의 꿈은 반드시 실현될 것이라고 확신합니다. 부족한 이 책이 그런 여러분의 '진로 찾기' 여정에 작은 길라잡이가 될 수 있기를 진심으로 기원합니다.

2018년 3월 저자 씀

차 례

■ 머리말 5

진로설계를 위한 가치관을 찾다_ 9

1. 우리는 왜 대학에 가는가_ 11 / 2. 잘 산다는 것은 무엇인가_ 16

글로벌 CEO에게 대학의 미래를 묻다_ 31
－신현정 교수의 기획 인터뷰

1. 첫 번째 인터뷰/ (주)캐논 메디칼시스템즈 코리아 주창언 대표_ 33
2. 두 번째 인터뷰/ 라이카 지오시스템즈 코리아(유) 최영구 대표_ 37
3. 세 번째 인터뷰/ 포드코리아 정재희 대표_ 42
4. 네 번째 인터뷰/ 아코르 앰버서더 코리아 권대욱 대표_ 46
5. 다섯 번째 인터뷰/ (주)씨이오스위트(CEO SUITE) 김은미 대표_ 50
6. 여섯 번째 인터뷰/ (주)아미글로비즈 박재인 대표_ 56
7. 일곱 번째 인터뷰/ (주)테크앤로 법률사무소 구태언 대표_ 60

진로개척을 위한 성찰노트를 적다_ 65

진로학습 성찰노트를 작성하는 7가지 이유_ 67 / 진로학습 성찰노트 작성하기_ 68

나만의 진로 로드맵_ 89

1. 자아탐색_ 91 / 2. 진로탐색_ 92 / 3. 진로이해_ 97
4. 진로설계_ 99 / 5. 진로개척_ 100

제1장
진로설계를 위한
가치관을 찾다

우리는 왜 대학에 가는가 / 잘 산다는 것은 무엇인가

1. 우리는 왜 대학에 가는가?*

1) 눈을 감은 채 바다를 건너지 않기 위해서

뉴욕대학교 교수인 나심 니콜라스 탈레브(Nassim Nicholas Taleb)는 영장류인 인간이 끊임없이 규칙에 대한 허기를 느끼는 종이라고 지적한 바 있다. 그래서인지 대부분의 인간은 자신들이 사는 세계를 질서정연한 것으로 믿고 싶어 하고, 당연히 그래야 한다고 믿기도 한다. 그러나 우리가 살면서 맞닥뜨리는 수많은 사건들은 그러한 우리의 믿음을 철저히 배반한다. 실제로 우리들 역시 매일 매시간 우리가 예상하지 못한 뜻밖의 사건과 마주하고 있을지도 모른다. 그리고 어떤 경우의 사건들은 우리의 믿음을 저버리는 것으로 끝나지 않고 우리를 파멸로 이끌기도 한다.

한 농부가 칠면조를 키우고 있었다. 친절한 농부는 매일 정해진 시간에 칠면조에게 먹이를 가져다준다. 먹이를 받아먹을 때마다 칠면조는 '친구'인 인간이 자신을 위해서 먹이를 제공해 준다고 하는 믿음이 더욱 확고해지게 된다. 그러나 우리가 예상하는 바와 같이 추수감사절이 되면 그 믿음은 산산조각 나게 될 것이다. 왜냐하면 농부는 추수감사절 메인 요리를 식탁에 올려놓기 위해 가차 없이 자신이 '정성껏' 키우던 칠면조를 살육할 테니까.

이것은 철학에 있어서 귀납법 혹은 귀납적 지식이 가지고 있는 태생적 문제를 지적한 일례이다. 자신이 처한 상황을 정확히 파악하고 싶다면 면밀하게 관찰하는 자세가 필요한 것은 사실이다. 그러나 조심할 점은 이것만이 다가 아니라는 사실이다. 우리는 초, 중, 고 시절을 통해 관찰을 통한 과학적 지식의 유용성에 대해 끊임없이 세뇌 받아 왔다. 그런 측면에서 본다면 칠면조는 지극히 과학적인 방법으로 친절한 주인을 관찰했으며, 그 관찰에서 얻은 경험을 토대로 인간에 대한 신뢰는 견고해졌을 것이다. 자신이 그

---

* 2016년부터 2017년까지 글로벌 이코노믹에 연재한 신현정 교수의 칼럼 「짧은 글 긴 생각」을 바탕으로 수정 보완한 글임.

인간의 식탁 한 가운데 오를 그 날이 하루하루 가까이 다가오고 있는 것도 모른 채 말이다. 다시 말해 칠면조는 하루도 빠지지 않고 주인을 관찰했지만, 자신의 마지막 순간을 예측하지 못했다.

우리가 초, 중, 고를 통해 배운 귀납적 지식의 가장 우려스러운 점은 바로 이 예화와 같은 측면이다. 선형적 관계를 전제로 하는 학교와 교과서에 의해 견고히 구축된 지식체계는 세계를 보다 쉽게 이해하는 데는 도움이 될지 모른다. 그러나 이것들은 결정적으로 실제 세계를 이해하는 데 마이너스적인 요소로 작용할 가능성도 배제할 수 없다는 사실이 문제이다. 어쩌면 그토록 열심히 머릿속에 집어넣었던 지식이 한 순간에 쓸모없어지거나 최악의 경우에는 자신을 치명적인 파국으로 인도할 가능성도 있다.

한 때 인간에게도 앞 세대에게 배운 지식과 기술만으로 충분히 인간다운 삶을 살 수 있는 시대가 있었다. 그런데 이제 인간이 교육을 통해 얻은 귀납적 지식만으로 세상과 마주하는 일은 어쩌면 예측 불가능한 바다를 눈감고 건너는 것이 될지도 모른다. 미래에 대한 불확실성은 우리 청소년들을 대학이라는 하나의 출구를 향해 아프리카 초원의 영양들처럼 맹목적으로 돌진하게 하고 있다. 이런 현상의 근저에는 절대 다수의 집단 착각일 수도 있지만 아직도 대학이 새로운 세상과 맞설 사유의 방식을 제공할 수 있는 마지막 보루라는 우리의 믿음이 자리 잡고 있음을 부정할 수 없다.

2) 포스트휴먼시대에 답하기 위해서

자의건 타의건 지금의 10대와 20대는 인류역사상 인공지능과 경쟁하며 살아야 하는 첫 번째 세대가 되었다. 다시 말해 이들은 포스트휴먼 1세대인 셈이다. 포스트휴먼이란 "인간과 기술의 융합으로 나타나는 미래의 인간상으로 정보통신기술, 인지과학, 나노기술, 바이오공학의 발달로 인간과 기계가 합쳐짐으로써 인간과 기계의 경계가 사라지는 것"[1]을 일컫는 용어이다. 따라서 포스트휴먼시대를 살아가게 될 이들은 다양한 인간 향상의 기술을 바탕으로 이제껏 어느 인류도 경험하지 못한 진화를 실제 눈앞에서 경험할 수 있게 될 것이다.

---

1) 심용운(2015), 스마트 생태계, 커뮤니케이션북스

혹자는 2015년에 개봉했던 엑스 마키나(Ex Machina)라고 하는 영화를 기억할 것이다. 엑스 마키나는 '데우스 엑스 마키나(deus ex machina)'의 라틴어 약자로 '기계를 타고 내려온 신' 혹은 '기계장치의 신'을 뜻한다. '엑스 마키나'는 고대 그리스 비극에서 극의 절정 부분에서 신을 등장시켜 인간의 능력으로 해결할 수 없는 문제들을 종결짓기 위한 플롯으로 주로 사용되었다고 한다. 제목을 통해서도 짐작할 수 있듯이 이 영화는 주체적으로 사고할 수 있는 AI를 만드는 행위가 과연 인간을 신으로 만드는 행위인지, 아니면 인간의 신을 만드는 행위인지를 묻는 철학적 질문이 녹아있다.

영화의 줄거리는 칼렙이라는 청년이 세계최대 검색사이트인 블루북의 사내 이벤트에서 수천 대 일의 경쟁을 뚫고 당첨되어 대통령도 만나기 어렵다는 이 회사의 회장 네이든과 일주일을 보내게 되는 이야기다. 칼렙은 네이든의 비밀연구소에서 그가 창조한 매혹적인 AI, 에이바를 만나고 에이바의 인격과 감정이 진짜인지 아니면 프로그래밍된 것인지를 밝혀내는 이른바 '튜링 테스트'에 참여하게 된다. 그런데 도중에 문제가 발생한다. AI인 에이바가 칼렙에게 자신을 연구소에서 탈출시켜달라고 간청했던 것이다. 수용소와 같은 연구소를 벗어나 인간들이 사는 세계에서 살고 싶다고. 그리고 새로운 버전이 나오면 언제라도 폐기될 수 있는 극한의 공포 속에서 탈출하고 싶다고 말이다. 칼렙은 흡사 인간처럼 생각하고 인간처럼 느끼는 것으로 보이는 에이바의 요청 앞에 망설이게 된다. 에이바를 AI로 취급해야 하는지 아니면 또 하나의 인간으로 취급해야 하는 것인지 쉽사리 답을 내릴 수 없었기 때문이다.

만약 이 영화의 스토리처럼 정말 생각과 인격을 가진 AI가 만들어진다면 그것은 인류의 역사뿐만 아니라 신의 역사까지 다시 써야 할 엄청난 사건일 것이다. 그러나 인류가 새로운 세상을 창조했다는 기쁨을 만끽하기에 앞서 우리는 이들 AI라는 인공물을 어떻게 대할 것인지에 관한 수많은 질문들에 먼저 답해야만 한다. 예를 들면 우선 인간 이상의 능력을 가진 이들을 또 하나의 인간으로 인정해야 하는지, 만약 인정한다면 이들에게도 인간과 동등한 인격적 권리를 부여해야 하는지 등을 비롯해 지금까지 인류가 한 번도 답해보지 못한 무거운 질문들과 마주하게 될 것이다. 결국 오늘날의 청소년들이 살아 갈 포스트휴먼시대는 인간이 무엇이고 무엇이 옳은지에 대해 인류 역사상 가장 진지한 고민과 선택이 필요한 시대이다.

그런데 문제는 우리의 초, 중, 고 학생들이 그토록 죽기 살기로 배우고 있는 영어, 수학은 이러한 포스트휴먼시대를 살아가는 데 별 도움이 되지 않는다는 사실이다. 특히 이러한 단편적 지식들은 이들이 먹고 사는 문제, 특히 직업을 선택하고 유지하는 데 있어서는 정말 미미한 역할밖에 할 수 없다. 왜냐하면 그들이 영어와 수학을 아무리 열심히 공부한다 해도 기계들과 경쟁하여 우위에 서는 것은 불가능하기 때문이다. 또한, 인간이 아무리 열심히 일한다 해도 전기만 제공해주면 24시간 365일 일할 수 있는 기계를 따라잡을 수는 없을 것이다. 그럼에도 불구하고 아직도 많은 부모들은 자식의 영어, 수학 점수를 올리는 일에 자신이 가진 모든 능력을 쏟아 부으면서 그것이 마치 자식에 대한 사랑인양 오해하는 이들이 적지 않다. 자식을 가진 부모로서 이해를 못 하는 것은 아니지만 너무 안타까운 일이기도 하다.

지금까지 호모사피엔스로서의 인간은 언제나 '스스로를 규정하는 존재'였다. 그런데 어쩌면 머지않아 우리 앞에 모습을 드러낼 로보사피엔스로 인해 몸을 가진 생물 유기체와 '사이버네틱 메커니즘'2)을 가진 컴퓨터 시뮬레이션의 경계가 모호해짐으로써 로봇과 인간에 대한 절대적 규정이 부정되는 시대가 열릴 것으로 보인다. 그러므로 인류는 '인간으로 살 것인가' 아니면 '성능이 좋은 기계로 살 것인가'라고 하는 인류 초유의 선택 앞에 직면하게 되었다. 따라서 지금은 역사상 그 어느 때보다도 인간이란 무엇이고, 인간으로 산다는 것의 의미가 무엇이며 인간으로 살기 위해서는 무엇을 어떻게 해야 하는지에 대한 깊은 사유가 필요한 시대라고 생각된다.

그렇다고 내가 우리 학생들이 공부하는 영어와 수학이 미래 사회를 살아가는 데 전혀 쓸모가 없다고 주장하는 것은 아니다. 초, 중, 고에서 공부하는 각 교과들은 사유하는 능력과 사유하기 위한 정보를 수집하는 데 매우 효과적인 수단이 된다. 그런데 오늘날의 교과 학습은 단순히 인간의 능력을 측정하는 도구로 전락해 버린 느낌이다. 또 한편으로는 중등교육의 학습 자체가 타인과의 경쟁을 통해 기록 갱신만을 목적으로 삼는 일종의 게임처럼 보인다. 초·중등교육은 인간의 감각, 운동, 사고능력을 향상시키는 데 일정부

---

2) 생명체와 기계장치의 자동조절(통제와 반응) 메커니즘.

분 도움이 되는 것은 사실이지만, 그것만이 인간을 인간답게 살게 하는 필요충분조건이 될 수는 없다. 인공지능과 공존해야 할 숙명을 가진 청소년들이 인간으로서 주체적 삶을 살아가기 위해서는 인간 자체에 대한 깊은 탐구와 사유가 교과학습보다 우선되어야 함은 두 말할 필요가 없다.

기우일수도 있지만 기능적 작업의 더 많은 부분이 기계에게 위임될 인공지능시대를 살아갈 세대들이 초·중등교육에서 배운 도구적 지식·기술만을 습득한 채로 사회에 첫발을 내딛게 하는 것이 내게는 위험천만한 일처럼 느껴진다. 그러므로 학생들에게 이러한 지적사유의 시간과 장을 제공하는 것은 어쩌면 기성세대들의 책임이자 의무가 아닐까 싶다. 만약 우리의 청소년들에게 이것을 제공할 수 없다면 영화 엑스 마키나의 네이든이 말한 것처럼 인류는 AI에게 아프리카의 화석 같은 존재로 기억될지도 모릅니다. 호모 사피엔스인 우리가 오스트랄로피테쿠스나 네안데르탈인을 기억하듯이 말이다.

3) 사람을 목적하기 위해서

'우리는 왜 대학에 가는가?'라는 질문에 현실주의자들은 즉답할 것이다. 더 좋은 직업을 갖기 위해서라고, 반면에 이상주의자들은 이렇게 답할 수도 있다. 더 가치 있는 삶을 살기 위해서라고, 얼핏 들으면 이 두 개의 답은 전혀 다른 입장을 취하고 있는 것처럼 보인다. 그러나 생성된 유전자적 구성에서 보면 이들은 별반 차이가 없다. 오히려 같은 태에서 잉태된 이란성 쌍생아라고 할 수 있다. 그렇다면 이들이 공유하는 같은 태는 무엇일까? 그것은 바로 '잘 살고 싶다'는 욕구이다. 이것은 인간이 인간으로 살기 위한 보편적 욕구[3]이다. 앞서 말한 것처럼 우리가 눈을 감고 바다를 건너는 무모함에서 벗어나고 싶은 것도 포스트휴먼이라는 새로운 시대의 근원적 물음에 답하고자 하는 것도 실은 같은 욕구에서 비롯된 것이다. 결론적으로 인간은 사람을 목적하기 위해서 '잘 살고 싶다'는 욕구를 갖게 되었고, '잘 살고 싶다'는 욕구를 충족하기 위해서 대학에 가고 공부

---

3) 모든 인간생활에 보편적으로 있는 욕구를 의미하며 1949년 전미사회사업가협회가 발표한 것으로 노동의 기회와 경제적 안정, 가정의 보존, 정신적·신체적 건강, 적절한 교육, 종교적 표현의 기회, 여가의 만족한 이용 등을 말하며, 이것과 동종의 것으로 의·식·주의 충족, 신체적·경제적 보편주의적 사회복지보장, 건강, 자기표현, 집단참가, 신앙의 자유를 모든 인간에게 공통되는 기본적 욕구로 들고 있다(이철수 외 공저, 2009, 사회복지학사전, Blue Fish).

하는 것이다.

여하튼 오늘날 우리의 초·중등교육은 대학입시제도의 한계성 때문에 잘 살고 싶다는 인간의 근원적 사유에 대한 기회조차 제대로 제공하지 못하고 있는 것이 사실이다. 그러므로 지극히 개인적인 견해이긴 하지만, 여건만 허락된다면 대한민국의 모든 학생이 고등학교를 졸업하고 대학에 진학하기를 바란다. 그리고 대학에 진학해서 주체적 인간으로 서기 위한 처절한 몸부림을 경험하기 바란다. 학령인구의 80% 이상이 대학에 진학하는 우리나라의 현실을 볼 때, 대학교육은 이미 근대의 소수 엘리트계층의 전유물이던 고등교육이라기보다는 일반 대중을 위한 보통교육이 된 지 오래이다. 본고에서는 대학교육의 보통교육화가 초래한 막대한 경제적 손실이나 대학의 서열화로 인한 초·중등교육의 입시위주교육의 폐해, 혹은 현재의 대학이 학문의 전당이라는 기능을 제대로 수행하고 있느냐 등에 대한 비판적인 논의는 일단 다음 기회로 미루고자 한다. 왜냐하면 내가 논하고 싶은 것은 대학이 이미 대한민국 국민 대다수가 누리는 보통교육 기관으로 전락했음에도 불구하고 '우리는 꼭 대학에 가야 하는가'라는 물음에 초점을 맞추고 싶기 때문이다. 그 물음에 답하기 위해서는 우선 우리 가 대학에 가는 목표라고 믿고 있는 '잘 산다'는 것이 과연 무엇을 의미하는 것인지 한번쯤 곰곰이 생각해 볼 필요가 있다.

2. 잘 산다는 것은 무엇인가

1) 인간으로 잘 산다는 것

나는 현재 대학교에서 교육철학 및 진로교과목을 담당하고 있다. 지난 학기에도 천여 명에 이르는 학생들에게 성공적인 대학생활이란 무엇이며, 자신의 진로를 찾기 위해 어떤 노력을 해야 하는지에 대한 강의를 했다. 강의를 하면서 가장 안타까웠던 사실은 대다수의 학생들이 자신이 대학에 와서 무엇을 하고 싶은지에 대한 생각이나 목표가 없다는 것이었다. 그러나 이보다 더 안타까운 사실은 학생들이 무엇을 위해 살 것인지, 그리고 어떻게 살 것인지에 관한 고민, 다시 말해 가치관 설정의 중요성 자체를 인식하지 못하고 있다는 사실이었다. 그래서인지 '잘 산다는 것이 무엇이냐'는 나의 질문에 절대 다수의 학생들은 한 치의 망설임도 없이, 고생하지 않고 안락하게 사는 것이라고 답했다. 교육자의 한 사람으로서 무거운 책임감이 느껴지는 순간이었다.

그렇다면 인간이 잘 산다는 것은 무엇인가? 여러 가지 관점이 있을 수 있겠지만 나는 두 가지 관점에서 생각해 보려고 한다. 첫째는 아리스토텔레스의 주지주의적 관점, 두 번째는 다윈의 진화론적 관점이다. 우선 아리스토텔레스는 니코마코스 윤리학을 통해 인간이 잘 사는 것은 행복하게 사는 것이며, 행복한 삶은 '최고선'을 달성할 수 있느냐에 달려있다고 했다. 그에 따르면 최고선은 탁월함(덕)을 이끄는 영혼(정신)의 활동으로 인간의 최고선은 각자가 가진 고유한 기능을 탁월하게 발휘하는 것으로 구현될 수 있다.

좋은 악기가 좋은 소리를 낼 수 있고, 좋은 연주가는 좋은 연주를 할 수 있는 것처럼 훌륭한 이성을 가진 자만이 훌륭한 인간이 될 수 있다. 이성이라고 하는 인간의 영혼이 자신이 가진 고유의 탁월성을 최고의 수준으로 끌어올릴 수 있을 때, 인간은 비로소 자신의 고유한 선善에 이르게 된다. 아리스토텔레스가 말하는 고유의 탁월성이란 동물과 구분되는 인간의 기능 예를 들면 용기, 절제, 도덕, 재능, 지혜와 같은 덕목들이 그것이 필요한 시기에 가장 적절하게 발휘되는 것을 의미하는 것이다. 따라서 인간은 자신이 가진 최고의 덕목을 부단히 연마함으로써 그것을 최고의 경지 즉 '최고선'에 이르게 함으로써 행복을 맛볼 수 있다. 그는 또한 '최고선'을 통한 행복은 자신이 바라는 것을 얻는 것이지, 타인의 승인이 필요한 일이 아니라고 부연함으로써 인간의 주체적 행복론에 대한 원형을 제시하기도 했다.

또한 생물학자로서의 아리스토텔레스는 인간은 다른 모든 동물들과 마찬가지로 뇌, 심장, 신장 등을 가지고 있지만, 동물들과 달리 인간만이 논리적 추론능력을 가졌다고 말한다. 동물들이 가진 신체부위가 저마다 목적성을 가지고 있듯이 동물과 구별되는 인간의 추론능력 역시 한 사람을 인간(human)으로 만드는 특별한 목적을 가지고 있다고 할 수 있다. 따라서 아리스토텔레스는 인간이 추론 활동을 하지 않는다는 것은 스스로 동물이나 노예의 삶을 선택한 것이라 주장한다. 결론적으로 아리스토텔레스적인 관점에서 인간이 잘 산다는 것은 논리적 사고의 결과를 통해 스스로의 탁월성을 발견하고 그 탁월성을 발전시킴으로써 행복감을 얻는 과정이라고 할 수 있다.

다음으로는 다윈의 생물학적 관점에서 잘 산다는 것이 무엇인지 살펴보자. 아리스토텔레스 이후 인류는 '행복은 모든 사람이 바라는 삶의 최종 목표'이며 '인간은 행복하기 위해 산다'는 확고한 신념을 가지게 되었다. 그런데 연세대 심리학과 서은국 교수는 『행복의 기원』이란 저서에서 '모든 것은 생존과 번식의 수단'이라는 다윈의 진화론을 근거로 행복 역시 '생존과 번식'을 위한 진화의 산물이라고 주장한다. 이것은 기존의 행복론에 직접적으로 반기를 드는 것이라 할 수 있다. 꿀벌이 존재하는 목적이 꿀을 모으기 위한 것이 아니듯, 인간이 존재하는 목적도 행복을 성취하기 위해서가 아니라는 것이다. 다시 말해 꿀벌도 인간도 자연의 일부일 뿐이고, 이 자연 법칙의 유일한 목적은 생존이라는 것이다. 즉 그의 견해는 꿀과 행복 자체가 그들 존재의 목적이 될 수 없고 이들은 모두 생존을 위한 수단일 뿐이며, 인간은 행복하기 위해 사는 것이 아니라 살아내기 위해 행복감을 느끼도록 설계된 것이라는 설명이다.

다윈이 말하는 생물학적 웰빙(well-being)은 기본적으로 병들지 않은 건강한 신체와 영혼이 그 기본 전제가 된다. 우리가 말하는 '잘 산다는 것'은 결과적으로 뇌가 느끼는 행복감이라고 할 수 있다. 그러나 우리의 뇌는 신체가 기분좋은 상태와 정신이 기분좋은 상태를 정확히 구별하지 못한다. 따라서 우리는 맛있는 음식을 먹음으로써 뇌에게 행복감을 느끼게 할 수도 있고 아름다운 곳을 보여 줌으로써 뇌에게 행복감을 느끼게 할 수도 있다. 거기에 좋은 사람과 함께라는 조건이 추가된다면 뇌는 더 큰 자극을 통해 행복감을 만끽하게 된다. 그러므로 생물학적으로는 행복감이 인간의 생존과 영속성에 매우 중요한 수단으로 작용한다. 이 관점에서 보면 인간에게 행복감을 느끼게 하는 것은 아리스토텔레스가 말한 추론 능력보다 인간의 생물학적 본능과 감성이 더 큰 작용을 한다고 할 수 있다. 이 두 견해 중 어느 견해가 더 타당한지 즉, 삶에 있어서 행복이 목적이어야 하는지 수단이어야 하는지를 논하고 싶지는 않다. 다만 행복감이 충만한 일상은 자신이 잘 살고 있다는 가장 큰 증거가 될 수 있으므로 여전히 행복은 인간이 포기할 수 없는 절대적 가치를 가지고 있다는 사실을 상기시키고 싶을 뿐이다. 우리는 각자의 이성과 감성의 도야를 통해 '잘 사는 것'이 무엇인지에 대한 답을 스스로 선택해야 한다. 그리고 자신이 선택한 답이 옳았음을 증명하기 위한 스스로의 여정을 떠나야 할 것이다.

2) 내가 가야 할 길은 어디에 있는가

내가 가야 할 길은 어디에 있는가. 그것이 과연 존재하기는 한 것인가. 니체는 차라투스트라의 입을 빌어 이렇게 말한다. "모두가 가야 할 길이란 존재하지 않는다."라고. 그렇다. 우리 인간은 이 세계를 규정할 단 하나의 진리라는 텍스트를 찾아 수 천 년 어쩌면 수 만 년을 헤맸을지 모른다. 그럼에도 우리는 아직 그 절대적인 진리를 발견하지 못했다. 어쩌면 앞으로도 그것은 영원히 풀리지 않는 수수께끼로 남을 수도 있다. 왜냐하면 우리가 그 신비를 푸는 날 우리는 이미 인간이 아닌 신의 반열에 올라 있을 테니까.

자신의 길을 찾는다는 것은 자신의 삶의 태도를 결정한다는 것에 다름 아니다. 자신에게 있어 가장 중요한 것이 무엇인지를 결정하고 삶 속에서 그것을 실천하는 태도는 지구상의 인구 수 만큼이나 제각각이다. 그러므로 태도는 자신의 자화상을 그리는 행위이다. 철학자이자 프린스턴대학의 교수 피터싱어(Peter Albert David Singer)의 저서 『물에 빠진 아이 구하기(The life you can save)』에는 다음과 같은 질문이 등장한다. 독자 여러분도 같이 답해 보시기 바란다.

당신이 출근하는 길에는 작은 연못이 하나 있다. 무더운 여름날에는 가끔 아이들이 연못에 들어가 노는 것을 볼 수 있다. 어느 날 아침, 그 연못을 지나치다가 한 아이가 물에 빠진 것처럼 허우적대는 것을 발견했다. 만약 당신이 아이를 구하기 위해 물에 들어간다면 당신은 며칠 전에 산 새 신발이 더럽혀지는 것은 물론 새 양복도 진흙투성이가 될 것이며 회사에 지각할 것이 뻔하다. 그래도 당신은 그 아이를 구하겠는가?

아마 대부분의 사람들은 "당연히 그래야지요."라고 답할 것이다. 사람이 죽어가는 마당에 그깟 새 구두와 양복이 망가지는 것이 뭐 그리 대수냐고. 그런데 실제로 당신은 그

아이를 구하지 않을 수도 있다. 왜냐하면 우리들은 삶에 그다지 중요하지 않는 물건이나 사치품을 들여놓은 데 많은 돈을 쓰는 것은 아까워하지 않으면서 구호단체에 기부하는 데는 인색하기 짝이 없기 때문이다. 싱어의 지적대로 어쩌면 당신은 얼마든지 구할 수 있는 아이들을 죽게 내버려두고 있는 것인지도 모른다.

어떤 이들은 말할 것이다. 나랑 상관없는 아이를 죽음에서 건지는 일보다 나의 정서적 만족을 위해 백화점의 물건을 사는 쪽이 내게 더 큰 행복감을 선사한다면 그럴 수도 있는 일이 아니겠냐고 물론 선택의 자유라는 측면에서는 그럴 수 있다. 그 역시 자신의 가치판단에 의한 것일 테니까. 하지만 우리가 큰 희생을 치르지 않으면서 고통 받고 있는 자들을 구할 수 있다면 그렇게 하는 것이 같은 인간으로서 마땅한 책임이라고 느끼는 것 역시 자신의 가치판단에 의한 것이다. 이처럼 어떤 사항에 대해 어떤 태도를 취할 것이냐에 대한 선택은 지극히 개인적인 것이다. 그럼에도 불구하고 물에 빠진 아이를 지켜보면서 아무런 조치를 취하지 않는 어른이 있다면 세상 사람들은 그가 옳다고 생각하지 않는 것은 물론이고 어쩌면 비정한 사람이라고 손가락질을 할 것이다.

앞에서도 밝힌 바와 같이 나는 모두가 가야 할 보편적으로 옳은 길이 있고 그 길을 가야한다고 말하고 있는 것은 아니다. 시간과 공간 속에서 모든 것은 상대적이다. 역사가 실제에 대한 객관적 기록이기보다는 실재를 바라보는 서술자의 해석일 뿐이라는 쇼펜하우어의 주장처럼 내 삶을 규정하는 나만의 가치관이 없다면 내 삶은 나의 역사로 기록될 수 없을 것이다. 그런 의미에서 본다면 내가 목표하는 삶에 대한 나의 태도 그 자체가 나의 본질인 것이다.

3) 나의 길은 나를 아는 것으로부터

바다에서는 뱃머리를 보고 노를 저으면 배는 앞으로 나아가지 않고 계속해서 같은 자리를 맴돌게 된다. 하지만 동서남북 중 어딘가 한 방향을 분명히 정하고 그 지점을 향해 노를 저으면 신기하게도 배는 자신이 목표한 쪽으로 나아간다. 그래서 자신이 가야 할 방향을 설정하는 것은 삶의 여정을 떠나는 데에 있어 가장 큰 과업이다. 이 과업을 달성하기 위해서 가장 먼저 우리가 해야 할 일은 현재의 나는 누구이고 어디에 있는가를 아는 일이다.

옛날 그리스에는 테베라고 하는 도시 국가가 있었다. 테베로 들어가는 길목에는 험준한 바위산이 버티고 있었고 그 길목을 스핑크스가 지키고 있었다. 스핑크스는 여자의 얼굴, 사자의 몸, 독수리의 날개, 뱀의 꼬리를 가진 괴물로 지나가는 행인들에게 수수께끼를 던져 틀린 답을 한 사람들은 가차 없이 잡아먹었다. 테베의 모든 사람들이 공포에 질려 있었기 때문에 지도자들도 그 수수께끼를 풀어 스핑크스를 제거하기 위해 고심했지만 뾰족한 방법이 없었다. 그래서 스핑크스의 수수께끼를 푸는 사람에게는 홀로 된 테베의 왕비와 결혼하여 테베를 다스리게 해 주겠다고 공표하기에 이르렀다. 테베로 가던 오이디푸스 역시 스핑크스와 마주치게 되고 수수께끼를 풀게 되었다. "아침에는 네 발로, 낮에는 두 다리로, 저녁에는 세 다리로 걷는 짐승이 무엇이냐?" 오이디푸스는 간단히 대답했다. "그것은 사람이다. 어렸을 때에 네 발로 기고, 자라서는 두 발로 걷고, 늙어지면 지팡이를 짚어 세 다리로 걷기 때문이다." 그러자 괴물은 바닷물에 몸을 던져 스스로 목숨을 끊었다고 한다.

그렇다면 그리스신화에 나오는 이 스핑크스의 수수께끼는 무엇을 의미하는 것일까? 답을 알면 질문을 한 괴물이 죽지만, 답을 모르면 괴물에 의해 내가 죽을 수밖에 없는 현실. 어쩌면 2500년 전의 소포클래스는 스핑크스의 입을 빌어, "인간이여, 너는 누구이고 운명 앞에서 어떻게 해야 하는가"에 대해 묻고 있는 것은 아닐까 생각한다. '아마도 그는' 인간이 자신의 내면을 성찰함으로써 스스로 자신이 어떤 존재인지를 자각하지 못하기 때문에 이 같은 질문을 던진 것이리라. 그리고 어쩌면 네 자신이 누구인지를 아는 것이 삶의 근원임을 강조하고 싶었는지도 모르겠다.

서양철학의 아버지인 소크라테스가 '너 자신을 알라'고 말한 것 역시 이와 같은 맥락일 것이다. 소크라테스는 인간이 인간으로 바로 서기 위해서 가장 중요한 이성적 활동은 자기 자신을 아는 것이라 믿었고 그 믿음을 죽음으로 관철시켰다. 그리고 2,000년이 넘는 시간 동안 우리 인간의 이성적 진보는 모두 소크라테스의 '너 자신을 알라'는 텍스트의 비밀을 풀기 위한 긴 여정에 불과했다. 오늘 우리가 철학하는 이유는 '네가 누구냐'고 묻는 스핑크스의 질문 앞에 '나는 ○○이다'라고 답하기 위해서다. 이 문답은 어쩌면 생사를 건 필생의 게임이자 숙제가 될 것이다.

4) 철학의 시작은 나를 사랑하는 것이다

인간은 생각하는 대로 살지 않으면 사는 대로 생각하게 된다. 따라서 생각이 없는 삶은 부지불식간에 당신을 동물이나 괴물로 만들어 버릴 수도 있다. 따라서 우리가 철학하는 가장 큰 이유는 나를 인간으로 살게 하기 위한 것이고 이것은 인간이 자신을 사랑하는 최고의 방법이다. 그리고 우리가 철학하는 또 한 가지 중요한 이유는 타인의 삶이 아닌 나의 삶을 영위하게 위해서이다. 다시 말해 철학한다는 것은 세상의 시선이나 상식, 혹은 권위라는 감옥에서 탈출하여 온전한 주체로서의 삶을 구현하기 위한 인간의 오랜 몸부림이라고 할 수 있다. 그러나 철학을 한다고 해서 우리 모두가 소크라테스나, 예수, 부처의 경지에 도달할 수는 없다. 오히려 도달하는 것 자체가 평범한 인간들에게는 너무 가혹한 일일 수도 있다. 그렇다고 해서 우리가 하는 작은 철학이 의미가 없는 것은 아니다. 삶에 대한 철학적 사유는 우리에게 증명사진이 아닌 자화상을 보여줄 것이다. 왜냐하면 우리가 성찰을 통해 얻는 깨달음은 우리 삶의 모든 영역에 자연스럽게 투사될 테니 말이다.

다음으로 철학과 관련된 세 가지 질문을 통해 철학의 목적지가 어디인지를 찾아가 보도록 하겠다. 첫째로 철학은 무엇인가? 일반적으로 철학은 삶에서 마주치는 총체적 경험들을 일관적으로 파악하고 정합적(整合的)으로 인식하게 하는 사유의 방식을 말한다. 철학의 어원이 되는 필로소피(philosophy)란 말은 원래 그리스어의 필로소피아(philosophia)에서 유래하며, 필로스(philos)는 '사랑하다' '좋아하다'라는 뜻의 접두사이고 소피아(sophia)는 '지혜'라는 뜻이다. 즉, 철학이란 지혜에 대한 사랑을 의미하는 개념이다. 그럼, 여기서 말하는 지혜는 무엇에 대한 지혜인가. 그것은 두말할 필요 없이 삶에 대한 지혜이다. "철학이 없는 삶이 맹목이라면 삶이 없는 철학은 공허일 뿐이다."라는 칸트의 말처럼 철학의 시작은 삶, 바로 그것이다. 따라서 철학은 인간이 사는 세계와 삶이라는 재료를 제대로 담아낼 수 있는 그릇이어야 할 것이다. 또한, 그릇으로서의 철학에 질문이라는 촉진제가 첨가될 때 그 안의 인간들을 하나의 완성된 음식으로 형상화할 수 있다.

둘째로 철학한다는 것은 무엇인가. 앞서 말한 것처럼 철학이 지혜를 사랑하는 것이고, 그 지혜가 삶으로부터 나오는 것이라면 우리가 철학한다는 것은 우리의 삶을 사랑하는 것에 다름 아니다. 소중한 삶을 사랑하는 사유방식, 그 첫 번째는 바로 고민하는 힘이다. 어떤 이는 자신의 삶에 대한 진지한 고민을 통해 그 동안 자신이 얼마나 자신을 사랑하지 못했는지 자각할 수 있게 될 것이다. 또 어떤 이는 삶을 더 사랑하기 위해 더 가치 있는 삶의 방식을 찾는 데 열중하게 될 수도 있을 것이다. 여하튼 학문적 의미가 아닌 개인적 의미에서 철학한다는 것은 진리를 찾는 사유라기보다는 나는 누구이고 나에게 있어서 세상은 어떤 의미이며 구체적으로 나는 어떻게 살아야 하는지에 대한 분명한 답을 찾는 삶의 행위이다. 삶을 사랑하는 그 두 번째 사유방식은 바로 의심하는 힘이다. 내 앞에 존재하는 삶의 모든 것들을 낯설게 보아야 한다. 즉, 당연한 것들을 의심하는 태도가 중요하다. 통념과 상식이 지배하는 삶은 아무리 잘 살았다하더라도 허무한 종말을 맞을 수밖에 없다. 왜냐하면 그것은 인형의 집에 갇힌 인형에 불과한 삶이니까. 아무리 자신의 행복을 믿어 의심치 않았던 인형이라 해도 언젠가는 자신이 관객들을 즐겁게 하기 위한 꼭두각시에 불과했다는 사실을 깨닫게 될 테니까 말이다. 트루먼이 알아차리기 전까지는 모든 것이 진짜 삶이었지만, 트루먼이 알아차리고 난 뒤부터는 모든 것이 거짓이 되어버린 영화 트루먼쇼(The Truman Show, 1998)의 이야기처럼...

셋째로 철학이 있는 삶이란 무엇인가. 철학적인 삶은 우리에게 타인의 삶이 아닌 자신의 삶을 살도록 인도해 준다. 예를 하나 들어보자. '대학에 가고 싶다'는 욕망은 과연 진정한 욕망일까? 혹시 나를 둘러싼 타인들이 대학에 가는 것을 욕망하기 때문에 당신도 대학을 욕망하는 것은 아닌가? 무엇인가를 욕망할 때는 왜 그것을 욕망하는지, 그것이 진정 나의 욕망이기는 한 것인지 한번쯤은 진지하게 고민해 볼 필요가 있다. 특히 근대철학의 아버지 데카르트가 들으면 무덤에서 벌떡 일어나겠지만 '생각한다. 고로 존재한다.'가 아닌 '소비한다. 고로 존재한다.'는 시대에 사는 우리들이기에 욕망에 대한 회의는 반드시 필요한 삶의 태도이다. 그렇지 않으면 우리는 끝없는 소비를 부추기는 자본주의의 논리 속에서 소비하는 기계로 살기 위해 미친 듯이 일하고, 소비하는 기계가 되지 못해 미친 듯이 안달하다 생을 마치는 불쌍한 존재로 전락하고 말 것이다.

진정한 소망과 부질없는 욕망의 차이에 대해 그리스의 선박왕 오나시스는 다음과 같이 명쾌하게 설명했다. "평소에 아무리 간절히 원하던 것이었다 해도 곧 죽게 된다고 생각하면 곧바로 사라지는 것들은 부질없는 욕망이다. 예를 들면 돈, 권력, 여자 등이 그렇다. 내일 모레 죽는다면 그런 것들이 다 무슨 소용이 있겠는가. 반면에 죽음을 앞에 두고 더욱 더 간절해지는 것이 있다면 그것이 바로 진정한 소망이다." 어쩌면 인간의 뇌에는 스스로 철학이라는 사유방식의 스위치를 ON하지 않으면 진정한 소망을 욕망하기보다 타인의 욕망을 욕망하도록 조작된 자동조정장치가 탑재되어 있는 것 같다. 따라서 인간이 철학적 사유라는 스위치를 오랫동안 켜지 않은 채, 타인의 욕망만을 욕망하는 것에 익숙해지게 될 때, 우리 인간은 자신의 진짜 욕망, 즉 진정한 소망이 무엇이었는지를 완전히 잊어버리게 된다. 결국, 철학의 시작은 나를 사랑하는 것이지만, 철학의 끝은 타인의 욕망을 거부하고 진정한 자신의 욕망을 찾음으로써 성립되는 주체적 삶이다.

5) 주체적인 삶은 권위로부터의 탈출이다

권위는 어느 개인·조직(또는 제도)·관념이 사회 속에서 일정한 역할을 담당하고 그 사회의 성원들에게 널리 인정되는 영향력을 지닐 경우, 이 영향력을 권위라고 부른다. 그러므로 권위는 이것을 느끼고 인정하는 데서 성립하는 정신적인 것이다.[4] 예를 들어 교사의 교육적 권위는 교사가 학생들에게 존경과 신뢰를 받음으로써 학생들이 교사의 지도에 자발적으로 따를 수밖에 없게 되는 심리적 작용을 말한다. 따라서 이러한 권위의 성립은 인류가 다음 세대에게 문화유산을 전승하게 하는데 매우 중요한 역할을 해 왔다. 시대를 막론하고 권위가 가진 힘이 강력한 이유는 인간이 태생적으로 가지고 있는 권위를 좇고 위계를 찾는 본성 때문이다. 따라서 권위는 우리가 권위적이란 말과 혼동해서 사용하지 않는다는 전제에서 사회의 안정과 인류의 진보에 반드시 필요한 요소이다.

그런데 문제는 이러한 권위에 맹목적으로 복종하는 경우에 발생한다. 그 복종의 결과로, 인간은 자신도 모르는 사이에 괴물이 될 수 있다. 그 실례를 하나 들어보자. 1961년 예일대학 심리학과의 스탠리 밀그램(Stanley Milgram) 교수는 기억력에 관한 실험을 위해 신문에 교사역할을 모집하는 광고를 게재한다. 최종적으로 총 40명의 실험참가자가 결

---

4) 임석진 외, 2009, 『철학사전』, 중원문화.

정되었는데 그들은 20대부터 40대까지의 평범한 사람들이었다. 그들이 실험실에서 맨 처음 마주한 것은 15V에서 450V까지 30개의 버튼이 달린 전기충격기였다. 그리고 그들에게는 칸막이 너머 학생이 문제를 못 맞출 경우, 그 벌로 전기충격을 가하라는 지시가 떨어졌다. 그 대가로 주어지는 보상은 4.5달러였다. 밀그램을 비롯한 실험주최측은 단 0.1%만이 450V까지 전기충격을 가할 수 있을 것이라 예상했다. 그러나 실제의 실험결과는 매우 의외였다. 무려 65%의 참가자들이 450V까지 전압을 올렸던 것이다.

실험실에는 실험주최자와 문제를 푸는 학생역할을 담당하는 피험자와 전기충격을 가할 교사역할을 담당하는 피험자가 있었다. 한 문제를 틀릴 때마다 전기충격은 15V씩 전압이 높아진다. 150V에 이르렀을 때 교사역할을 담당한 피험자는 드디어 버튼누르기를 거부하게 된다. 그러나 곧이어 하얀 가운을 입은 실험주최자의 엄격한 목소리가 들린다. "실험을 계속해 주세요!" 드디어 300V, 비명소리와 벽을 발로 차는 소란도 잠잠해지고 칸막이 뒤엔 무거운 침묵만이 흐른다. "저러다 죽기라도 하면 어떡하지요? 더는 못 하겠습니다." 라고 하는 교사역할을 담당한 피험자의 말에 "걱정 마세요. 절대로 죽지 않습니다. 모든 책임은 제가 지겠습니다."라고 대답하는 실험주최 측.

이 실험을 실시하기 전, 주최 측은 예일대 학생을 대상으로 "어쩔 수 없는 상황에 처하게 된다면 당신은 다른 사람에게 비인간적인 행위를 가할 수 있습니까?"라고 하는 설문조사를 실시한 바 있었다. "그럴 수 없다."란 대답이 92%였다. 그런데 기껏해야 0.1%만이 450V까지 전기충격을 가할 수 있을 것이란 예상을 뒤엎고 65%가 선택한 450V, 그들 65%는 말한다. "내가 왜 그런 일을 했는지 모르겠어요. 그냥 시켜서 한 것일 뿐이에요." 이 실험은 '징벌에 의한 학습효과를 측정하는 실험'을 표방했지만 실은 '권위에 대한 복종과 관련된 실험'이었다. 학생 역할을 담당하는 피험자들은 모두 연기자였으며 그들에게 가짜 전기 충격장치를 달아주고, 교사 역할을 담당하는 이들에게는 이것이 가짜란 사실을 모르게 한 채 실행된 실험이었던 것이다.

이 실험은 평범한 인간이 권위에 복종해 얼마나 잔혹해질 수 있는지 보여주는 충격적인 실험이다. 또한 '일상적인 삶'에서 나타날 수 있는 '악의 평범성'은 지금까지 우리의 신념을 뒤집어 놓기에 충분하다. 다시 말해 인간은 다른 사람의 명령에 따를 경우 자신의 행동에 대한 책임감을 거의 느끼지 않는 것 같다. 즉, 2차 세계대전 당시 유대인 박해의 실무 책임자였던 독일 나치 친위대 장교 아돌프 아이히만(1906~1962)은 재판에서 "유대인을 죽이라는 상부의 명령을 충실히 따랐을 뿐 내 책임은 없다"고 주장한 바 있다. 이를 본 밀그램 교수가 과연 인간은 '권위적인 불법적 지시'에 항거하지 못하는지를 증명하기 위해 이 실험을 계획했다고 한다.

우리는 죄 없는 사람에게 해를 가하는 행위를 해서는 안 된다는 것을 누구나 알고 있다. 이것은 사회구성원 모두가 암묵적으로 합의한 일반적 도덕규범이기 때문이다. 그렇다면 왜 피험자들은 이런 일반적인 도덕규범에 상충하는 행위를 하고 말았을까? 조금만 냉정하게 생각해보면 아무리 권위 있는 교수의 지시라 할지라도 다른 사람에게 목숨이 위험할 만큼의 전기자극을 주는 것은 말도 안 되는 일이다. 그럼에도 불구하고 대다수의 사람들이 그런 판단을 스스로 내리지 못한 채, 권위가 시키는 대로 행동했다는 사실은 정말로 무서운 일이다. 이 실험을 통해 도덕성의 발현은 비도덕성의 유혹에서 벗어날 수 있는 스스로의 가치관이 확고할 때에만 가능하다는 결론을 얻게 되었다.

정도의 차이는 있을 수 있지만 일상적인 삶 속에서 평범한 인간들이 타인의 시선, 그리고 상식이라는 권위에 얼마나 쉽게 무너지는지 우리는 잘 알고 있다. 정말 자신이 하고 싶은 일을 발견해도 타인의 시선을 의식하느라 실행에 옮기지 못하거나, 다른 생각을 가지고 있어도 다른 사람들의 비난이 두려워 표현하지 못하는 경우는 비일비재하다. 그러므로 우리는 철학적 사유를 통해 자신만의 가치관을 확립함으로써 전문가의 권위, 혹은 상식의 권위에 용감하게 맞설 수 있는 용기를 갖게 될 수 있다. 그리고 이 용기가 비로소 우리를 타인의 시선이나 욕망에 지배당하지 않는 주체적인 삶으로 인도하게 되는 것이다.

6) 권위로부터의 탈출은 자신의 새로운 삶을 창조한다

영어의 스완(swan)을 우리는 백조(白鳥)라고 번역한다. 17세기 말까지 서양인들은 흰색이 아닌 백조를 본 적이 없었기 때문에 스완하면 으레 하얀 새를 연상했던 것에서 유래한 것 같다. 하지만 이것은 단순한 우리의 선입견이었을 뿐이었다. 1697년 영국의 자연

학자인 존 라삼이 호주 서쪽에 있는 스완강에서 검은 백조(black swan)를 발견하게 되었다. 엄밀히 말하면 그것은 백조가 아니라 흑조(黑鳥)일 것이다. 그의 발견은 기존의 선입견을 단번에 무너뜨리는 것이어서 당시 서양인들에게 상당한 충격을 안겨주었다. 하지만 존 라삼의 이러한 발견으로 '실제로는 존재하지 않는 어떤 것' 또는 '고정관념과는 전혀 다른 어떤 상상'을 비유적으로 표현한 말이었던 블랙 스완은 '극히 예외적이고 알려지지도 않았고 정말 가능성 없어 보였지만 일단 등장하고 나면 엄청난 파급효과를 가져오는 사건'을 뜻하게 되었다.

인류 역사 속에서 살펴본다면 코페르니쿠스의 지동설 등도 블랙 스완의 좋은 예가 될 수 있는 있을 것이다. 그런데 왜 인류의 역사에는 이런 일이 끊임없이 발생하는 것일까. 그것은 경험에 근거한 인간의 지식체계가 갖는 근본적 오류 때문이다. 인간은 자신이 알고 있다고 생각하는 지식을 과신하는 경향이 있다. 이 지식에 일정한 시간이 더해지면 그것은 하나의 범하기 힘든 권위를 획득하게 되고 또 인간들은 이 권위를 맹신하게 된다. 따라서 대중의 냉혹한 심판이나 비난에 맞설 자신이 있는 용기 있는 소수의 인간을 제외하고는 보통의 인간들은 감히 이 권위에 도전할 엄두조차 내지 못하게 된다.

몇 년 전 『칭찬은 고래도 춤추게 한다』는 책이 베스트셀러가 되면서 칭찬의 효과에 대해 교육계 전체가 열광했던 적이 있다. 그러나 많은 사람들이 이미 주지하는 바와 같이 칭찬에는 눈에 보이는 긍정적 효과만큼이나 보이지 않는 부정적 효과도 상당하다. 칭찬을 받으면 당장은 기분이 좋을지 모르지만 그것은 이내 또 다른 심적 부담을 낳게 된다. 예를 들어 천재라는 칭찬 속에 자란 아이가 자신이 천재가 아니라는 현실을 깨닫게 되는 순간, 엄청난 혼란과 좌절을 겪을 수도 있다. 어떤 경우에는 그것을 인정하지 않으려고 부정한 방법을 통해서 점수를 올리려 하기도 하고, 또 어떤 경우에는 자신이 아무리 노력해도 원하는 결과를 얻을 수 없을 것이란 판단을 하게 되면 아예 아무것도 시도하려 하지 않는 무기력감에 빠지기도 한다. 이처럼 우리가 인정하고 있는 많은 대중적 상식들은 사실 얼마든지 부정되어질 수 있는 것들인 경우가 대부분이다. 결국 중요한 것은 고래를 춤추게 하는 방법이 인간도 춤추게 할 수 있다는 성급한 일반화의 오류를 범해서는 안 된다는 사실이다.

비슷한 또 하나의 예로 우리는 성공한 사람들에게서 어떤 공통적인 습관을 발견함으로써 성공의 원인을 그것으로 규정하려고 하는 경향이 있다. 예를 들면 리더십이 있어야 한다, 아침형 인간이 되어야 한다, 매사에 긍정적이어야 한다 등등이 그런 예이다. 그리고 기를 쓰고 발견(?)한 이런 사실들을 일반화함으로써 성공을 원한다면 반드시 그러한 방식을 수용해야 한다고 강요한다. 그러나 이러한 시도는 타인의 인생에 대한 간섭에 그치는 허무한 노력으로 끝날 가능성이 매우 높다. 왜냐하면 그렇게 변화한다고 해서 모두가 성공할 수 있는 것도 아니거니와 남의 의견을 잘 따르고, 늦게 일어나고 비관적인 사람이 성공하는 예도 실제로는 너무 많기 때문이다. 정말 중요한 것은 권위 있어 보이는 타인의 의견에 자신을 맡기지 말고 자신에게 어울리는 자신의 삶의 방식을 찾아야 한다는 것이다. 여기서 성공한 삶에 대한 개념 규정 역시 본인 자신의 것이어야 한다는 것은 두말할 필요가 없을 것이다.

고정관념이라는 기존의 틀에서 벗어나 자유로운 사고로 이어지는 과정은 어쩌면 세상 모든 것들은 끊임없이 구성하고, 해체하고, 재구성하는 일종의 에디톨로지(EDIT+OLOGY=편집학)[5] 과정일지 모른다. 이러한 에디톨로지의 영역은 개념의 재정의를 통해 새로운 개념을 만드는 일종의 재창조라고 할 수 있다. 이러한 재창조는 자신이 가진 지식의 넓이와 깊이에 따라 새로운 형태의 융합 지식으로 발전하기도 하고 예기치 못한 상황에 능동적으로 대처하는 효과적인 행동양식으로 발현되기도 한다. 신은 초원을 달리는 사자에게 바람을 가르는 달리기 기술을 주었다면 인간에게는 끝없이 변화하는 세상에 적응할 수 있는 말랑말랑한 뇌를 주었다. 그러한 창조적 뇌를 세간의 상식이나 세상적 권위에 굳지 않게 하는 것은 인간이 사자와 구별되는 삶을 사는 데 필요한 최소한의 인간적 의무일 것이다. 다시 한 번 강조하지만 상식이나 권위로부터 탈피하여 자신만의 주체적인 시각으로 삶을 관철하려는 의지만큼 자신의 인생을 창조적이고 고결하게 만드는 노력은 없을 것이다.

---

5) 김정운(2014), 에디톨로지:창조는 편집이다, 21세기북스.

7) 새로운 삶을 창조하는 열린 기회가 대학생활이다

우리가 살고 있는 이 시대는 개성·자율성·다양성·대중성을 중시하는 풍조 속에 인간에게 필요한 그 어떤 절대 가치를 상실해버린 시대가 되어버렸다. 그래서 세상은 한 치 앞도 보이지 않는 어둠 속에 묻혀 버린 것처럼 보인다. 그래서인지 우리의 젊은이들은 그 어느 때보다 풍요로운 문명의 혜택과 자유를 만끽하면서도 역설적으로 자신이 어디로 가야할지에 대해서는 갈피를 잡지 못하고 혼돈 속에 빠져있다. 그리고 더 안타까운 것은 누군가가 자신을 향한 구원의 손길을 뻗어주길 간절히 기다리면서도 정작 자신 스스로 어떻게 해서라도 그 길을 찾아 나서려는 노력을 포기하는 청년들이 늘고 있다는 사실이다.

이제는 그 답을 찾아야 한다. 인간이란 무엇인가? 왜 살아야 하는가? 행복이란 무엇인가? 에 대한 자신만의 답을 찾아야 하는 것이다. 아무리 깊은 철학적 사유가 있다고 하더라도 스스로 자신의 인생에 답을 찾지 못한다면 철학은 관념의 장난일 뿐이며 시간낭비에 불과한 것이다. 언제든 우리 앞에는 블랙 스완이 나타날 수 있다. 그렇다고 해서 두려움에 떨고 있을 수만은 없을 것이다. 그럴수록 우리는 긍정적인 '검은 백조'엔 가능한 한 많이 노출되고 부정적인 '검은 백조'에 대비하면서 살아야 하는 것이다. 그럴 시간과 공간을 얻기 위해서 우리는 적지 않은 노력과 시간을 들여 대학에 가는 것일지 모른다. 나는 '우리는 왜 대학에 가는가' 혹은 '우리는 왜 공부하는가'라는 질문에 대한 대답을 스핑크스의 수수께끼로 대신할까 한다. 이 수수께끼는 이집트 신화를 각색하여 만든 영화 '갓 오브 이집트(Gods of Egypt, 2016)'에 나오는 장면에 등장하는 것이다.

I never was and always to be

No one ever saw me nor ever will

And yet I am the confidence of all to live and breathe.

What am I?

나는 한 번도 존재한 적이 없지만 늘 존재했다.

나를 본 사람은 아무도 없으며 앞으로도 그럴 것이다.

그럼에도 불구하고 살아 숨 쉬는 모든 이들은 나의 존재를 확신한다.

나는 무엇인가?

이 수수께끼의 답은 무엇일까? 영화를 본 분이라면 아시겠지만 답은 바로 '내일 (Tomorrow)'이다. 철학은 '너는 누구냐(Who are you?)'를 반복해서 묻고 답하는 것이다. 내일이 있기 때문에 오늘 우리는 철학을 하는 것이다. 나 한 사람이 세상 사람들 모두를 변화시키는 것은 불가능하다. 더군다나 세상에서 매일 벌어지는 수많은 일들을 멈추게 할수도 없다. 그러나 철학하는 삶을 사는 것으로 내 자신을 변화시킬 수 있다. 그렇다면 과연 내가 원하는 가장 많은 것을 이룰 수 있을 때가 언제일까? 그것은 바로 깊은 철학적 사유를 통해 자신의 내면과 정면으로 마주한 끝에 '나는 이렇게 살겠다.'고 결심한 때이다. 이제는 답할 수 있어야 한다. 단 한 번뿐인 이 거칠고 소중한 삶을 걸고 당신은 왜 대학에 가려 하는지, 당신이 진정 하고 싶은 일이 무엇인지...

제2장
글로벌 CEO에게 대학의 미래를 묻다

신현정 교수의 기획 인터뷰

대학이 위기입니다. 대학은 다양성 교육을 통해 사회발전의 원동력이 되어야 하지만 '기업 맞춤형 인재양성'이라고 하는 사회적 요구에 따라 날이 갈수록 직업훈련원으로 전락해 가고 있습니다. 인공지능(AI), 자율주행자동차, 사물인터넷(IoT) 등 제4차 산업혁명 앞에 우리 대학은 교육의 방향을 잡지 못하고 방황하고 있습니다. 이번 장은 진로전문가인 **신현정 교수가 2017년에 글로벌 이코노믹에 연재한** 글로벌기업 CEO들과의 인터뷰를 바탕으로 오늘날 대학 현실에 대해 진지하게 고민하고, 나아가 미래 대학의 방향성을 제시하기 위해 마련되었습니다. <편집자주>

1. 첫 번째 인터뷰

-(주)캐논 메디칼시스템즈 코리아 주창언 대표

'글로벌 CEO에게 대학의 미래를 묻다' 첫 번째 인터뷰로 캐논 메디칼시스템즈 코리아의 주창언 대표를 만났다. 캐논 메디칼시스템즈 코리아는 세계적인 의료기기 제조업체인 캐논 메디칼시스템즈 코퍼레이션의 한국법인으로 CT, MRI, 초음파 및 X-ray 시스템 등의 영상 진단 솔루션을 제공하고 있다. 'Made for Life'라는 경영 이념을 바탕으로 의료진과 환자에게 최적화된 영상 진단 장비를 연구, 개발함으로써 인류의 건강과 헬스케어 산업의 발전에 기여하고 있다. <편집자 주>

"다양성을 존중받지 못하면 대학은 유물이 된다"

Q 오늘 저는 대표님과 '대학의 미래'를 주제로 이야기를 나눠보고자 합니다. 저의 뇌리에 새겨진 고전적인 대학의 이미지는 역시 '지식의 상아탑'인데요. 그도 그럴 것이 우리 시절의 대학은 젊음과 자유의 표상이었고 시대정신을 이끌어가는 지성의 장이기도 했으니까요. 그런데 21세기를 맞이하면서 대학이 과거와는 사뭇 다른 색채로 물들어가고 있다는 느낌이 드는 것은 저만의 생각일까요?

A 저도 공감합니다. 말씀하신 대로 과거의 대학은 위대한 사상의 출발점이었고 가치 논쟁의 장이었으며 사회발전의 원동력이었지요. 그런데 오늘날의 대학을 보고 있으면 중세의 암흑시대를 연상하게 됩니다. 서양의 중세는 '신'이라는 절대적 가치에 여타의 모든 가치가 매몰됨으로써 다양성이라는 가치를 거세당한 시기였지요. 해방 이후 우리는 자유민주주의를 받아들였지만 실제로는 안보지상주의라는 절대 가치의 시대를 거쳐 이제는 경제지상주의라는 절대 가치의 시대를 살고 있습니다. 이러한 시대 상황에 우리의 대학 역시 '사회맞춤형 인재 양성'이라는 거대한 경제논리에 완전히 설득당해 버린 것

같습니다. 그들이 본래 가지고 있던 독자적인 철학은 온데간데 없어지고 자본가를 배부르게 하는 기업의 논리에 대학이 맥없이 굴복하고 있는 듯 보이니까요. 교육의 다양성을 용납하지 않고 기업이 원하는 인간 육성이라는 독재성만을 대학에 강요하는 이 시대는 어쩌면 중세 봉건시대의 암흑기와 흡사합니다. '사회맞춤형 인간'이란 개념은 기업이 사용할 부품으로서의 인간을 의미하는 것으로 대표적인 천민자본주의의 발로라 할 수 있습니다. 물론 이러한 대학 변화의 밑바탕에는 '기업형 대학의 육성'이라는 기치를 내걸고 재정 지원이라는 당근과 대학 평가라는 채찍으로 대학의 자율을 구속하고 있는 교과부의 정책도 한몫하고 있겠지요. 저는 학문 연구, 특히 인문학에 대한 뜨거운 갈망과 독자적인 철학이 없는 대학은 엄밀한 의미에서 대학이 아니라고 생각합니다. 직업훈련이라는 하나의 목표를 가진 일개 OJT 기관에 불과할 뿐이지요.

Q_ 그렇다면 오늘날 한국의 대학이 어떤 형태로 변화되어 가는 것이 바람직하다고 생각하시는지요?

A_ 첫째는 대학교육의 다양성 확보가 중요하다고 생각합니다. 각 대학이 스스로 자신들의 주체적 가치를 설정하고 그것의 실현을 위해 매진해야 합니다. 그러기 위해서는 무엇보다 대학의 재정자립화가 시급합니다. 왜냐하면 지금처럼 재정적인 측면에서 국가의 존도가 높으면 높을수록 대학의 자립능력은 점점 쇠퇴할 것이기 때문입니다. 대학의 자립을 위해서는 우선 정부출연을 줄이고 재단출연을 늘려야 합니다. 그러나 만약 그것이 현실적으로 어렵다면 기업투자나 기업기부 문화를 활성화시켜야 합니다. 예를 들면 중부대학교 충청캠퍼스는 인삼으로 유명한 금산에 있지 않습니까? 그렇다면 금산군과 중부대학교는 인삼 산업을 통해 막대한 이윤을 창출하고 있는 KT&G 같은 기업의 기술투자나 재정적 기부를 보다 적극적으로 유치해야 합니다. 이제 기업과 지역 그리고 대학의 상생은 더 이상 선택이 아닌 사회적 책무가 되었으니까요.

둘째는 4차 산업혁명시대를 선도하는 변화관리 능력을 육성해야 합니다. 이를 위해서는 우선 이사장과 총장의 역할이 명확히 구분되어야 할 것입니다. 마치 기업의 주주와 CEO의 역할이 분명히 구분되듯 말이지요. 서로의 선택에 책임을 지고 서로의 전문성을 존중하고 인정하면서 자신들에게 맡겨진 직분이 대학 발전이라는 수레를 끌기 위한 두 개의 바퀴임을 정확히 인식할 때 대학은 거대한 변화의 소용돌이를 이겨낼 수 있을 것입니다. 가끔 언론 보도를 통해 이사장과 총장, 혹은 총장과 교수들의 불협화음으로 대학 발전은 꿈도 꾸지 못한 채, 학내 분쟁에 휩싸여 있는 대학 이야기를 접할 때면 기본적인 역할 분담조차 하지 못하는 곳에 어떻게 우리 아이들을 맡길 수 있나 하는 생각에 마음이 착잡해집니다.

마지막으로 셋째는 교육기술의 선진화가 필요합니다. 이제 더 이상 기존의 지식을 전달하는 교수 주도형 수업은 만족스러운 성과를 가져올 수 없습니다. 교실의 주도권을 학생들에게 돌려주어야 합니다. 우리 학생들은 이미 기업이 만든 제품을 수동적으로 소비하는 시대가 아니라 스스로 사용하고 싶은 제품을 기업이 제조하게 하는 시대를 살아야 하기 때문입니다. 따라서 다시 한 번 강조하지만 대학은 지식을 전달하는 기존의 역할에서 벗어나야 합니다. 즉, 대학교육은 수많은 지식 중에 자신에게 가장 가치 있는 지식을 비판적으로 확인·선별할 수 있는 능력과 더불어 가치 있는 지식들을 목표에 따라 재편집할 수 있는 능력 배양을 지향해야 합니다. 그러기 위해서는 목표를 주고 학생 스스로 방법을 찾게 하는 수업이 보편화되어야겠지요. 예를 들면 캡스톤 디자인 같은 수업을 적극 활용하는 노력이 필요할 것입니다. 그리고 궁극적으로는 그 캡스톤 디자인의 목표 설정 자체도 학생 스스로에게 일임해야 할 것입니다. 이것이 바로 교육기술의 선진화입니다.

Q 인터뷰를 하다 보니 대표님은 정말 대학에 실제 근무하는 분보다 대학교육에 대해 더 많이 생각하시는 분이라는 생각이 드네요. 대표님의 말씀을 종합해 볼 때, 이제 대학은 스스로의 존재 가치를 재정립해야 할 시기를 맞고 있는 것 같습니다. 마지막으로 대학을 향해 꼭 남기고 싶은 말씀이 있다면?

<u>A</u> 제4차 산업혁명 같은 대변혁의 시기일수록 더욱 중요한 것은 기본에 충실해야 한다는 것입니다. 대학의 본분은 누가 뭐라고 해도 교육입니다. 그 어느 때보다 무엇을 어떻게 잘 가르칠 것이냐에 대한 깊은 고민과 집중이 필요한 시기입니다. 모쪼록 대학이 다양성의 가치를 재인식함으로써 사회적 요구를 무조건적으로 추종하기보다는 새로운 사회적 요구를 창출하는 교육을 해 나가기 바랍니다. 그렇게 될 때 대학은 우리 사회를 좀 더 새롭고 밝은 미래로 이끌어갈 수 있는 원동력이 될 수 있을 것입니다.

2. 두 번째 인터뷰

– 라이카 지오시스템즈 코리아(유) 최영구 대표

'글로벌 CEO에게 대학의 미래를 묻다' 두 번째 인터뷰로 라이카 지오시스템즈 코리아의 최영구 대표를 초대한다. 라이카 지오시스템즈 코리아(유)는 스위스에 본사를 두고 있는 200년 전통의 기술력을 가진 스위스 라이카 지오시스템즈의 한국 지사다. 최고의 정밀함과 정확도를 가진 측량 및 측정 장비를 국내에 공급하고 있는 회사다. <편집자 주>

"대학은 연구의 상용화·시장성에 눈을 돌려라!"

Q 일반적으로 글로벌 기업이라고 하면 국경을 넘어서 2개국 이상에서 동시에 이루어지는 '경영활동'의 개념으로 이해가 되는데요. 최영구 대표님께서는 국내기업과 글로벌 기업은 어떤 차이가 있다고 생각하시는지요?

A 요즘에는 국내기업 중에서도 글로벌 기업을 능가하는 회사들이 많아졌기 때문에 과거만큼 확연한 차이가 있는 것은 아닙니다. 그러나 제 경험으로 볼 때, 글로벌기업은 실용적이고 투명성 있는 경영을 지향합니다. 그리고 무엇보다 국내기업에 비해 정체성이 명확하고 단순하다는 특징이 있습니다. 그 예로 글로벌 기업의 선전문구는 대부분 매우 심플해서 한마디로 요약됩니다. 라이카 지오시스템즈의 경우를 예로 들면, 모든 로고에 'When it has to be right, Leica Geosystems.'라는 문구가 들어가지요. 아무리 생각해봐도 정밀 측량과 측정 기술을 가진 회사에 이 문구만큼 함축적으로 회사의 이미지를 부여하는 문구는 없을 것 같습니다.

Q '정확해야 한다면 라이카 지오시스템즈!'라는 의미인데, 정말 임팩트가 확실하군요. 제가 25년 전에 해외여행을 갔을 때, 일본 SONY의 광고 문구를 본 기억이 납니다.

도시의 화려한 불빛도 거의 희미해져가는 새벽녘이었는데요. 호텔 창문에 비친 건너편 건물 옥상의 붉은색 네온사인은 아직도 뇌리에 생생해요. 'It's a Sony'란 문장이었는데요. 기업의 자신감과 자부심을 나타내는 그 표현이 얼마나 강렬하든지…. 간단명료한 기업의 캐치프레이즈는 기업의 정체성과 선명성을 드러내는 가장 좋은 수단인 것 같아요. 그런데 실제로 글로벌기업은 캐치프레이즈만큼 경영목표도 명확하고 단순한가요?

A 네, 그런 편입니다. 추상적으로 목표를 설정하는 게 아니라 기업 구성원 모두가 단순하게 이해하고 공유할 수 있는 명확한 목표가 있습니다. 예를 들어 라이카 지오시스템즈가 속해 있는 핵사곤 그룹의 경영상 목표를 요약하면 'Number one or strong number two in the market.'과 'EBIT ○○%' 두 가지입니다. 매출 측면에서는 시장점유율 1위나 1위를 바짝 추격하는 2위를 획득하면서 세전이익을 ○○% 이상 달성하라는 의미이지요. 매출과 이익 측면의 명확한 목표를 함축적으로 요약한 것이라고 할 수 있지요. 이 목표를 기준으로 R&D 투자, M&A, 제품 방향성 설정, 인적자원관리 등의 모든 경영 프로세스가 결정됩니다.

Q 이렇게 직원 모두가 회사의 목표를 정확히 인식하고 있으면 경영진과의 소통도 원활하고 향후 사업의 방향성 설정 부분에서도 비교적 합의가 빠를 것 같네요.

A 네 그런 편입니다. 이런 목표의 명확성 때문에 글로벌 기업은 직급보다는 주로 직책으로 움직이죠. 대리, 과장, 부장 등의 직급은 국내 영업을 위해 편의상 부여하는 경우가 대부분이고, 대부분 자신의 정확한 업무 영역을 표시하는 영문 직책을 따로 가지고 있습니다. 연봉 역시 직책에 따라 결정되므로 직책이 변하지 않으면 연봉 조정도 거의 없는 편입니다.

Q 자신만의 고유 업무 영역인 직책이 확실하고 그 직책에 의해 업무체계가 이루어지

는 만큼 상급자와의 관계 역시 수평적이겠네요.

A 회사마다 차이는 있겠지만 꼭 그렇지는 않습니다. 오히려 글로벌 기업의 상하관계가 더 엄격한 경우도 많습니다. 얼른 보면 할 일이 명확히 구분되어 있어 서로 간섭하기 어렵고, 상호간의 호칭 역시 말단사원에서부터 회장까지 이름을 부르며 친숙하게 지내는 것 같지만, 실제로 상사는 부하직원의 생사여탈권을 쥐고 있는 경우가 많습니다. 목표가 명확한 대신 목표를 달성하지 못했을 경우에는 그만큼의 불이익도 각오해야 하는 셈이지요

Q 말씀을 듣고 보니 글로벌기업의 생태계가 국내기업보다 더 치열하다는 느낌이 드네요(웃음). 그런 글로벌기업의 대표를 맡고 계시니 매일 매일의 일상이 전쟁 같으시겠어요.

A 전쟁 같은 일상이기 때문에 더욱 자신의 가치관이라는 프레임에 주목하게 되는 것 같습니다. 사람들은 살아가면서 누구나 자신만의 프레임을 갖고 있고, 또 가져야만 하지만 인생의 변곡점, 임계점에 도달했을 때 이 프레임을 한번 걷어찰 수 있는 용기가 필요합니다. 깊은 성찰을 통해 새로운 프레임을 정립할 수 있을 때, 자유로운 선택이 가능하고 새로운 삶을 열 수 있으니까요.

Q 자신의 가치관을 확고히 해야 한다는 이야기는 주위에서 많이 하지만, 자신의 가치관을 걷어차는 용기가 필요하단 말씀은 상당히 인상적이네요. 아마도 대표님 말씀은 오늘날과 같이 미래를 예측할 수 없는 시기에는 스스로에 대한 끝없는 성찰을 통해 변화가 필요할 때 스스로 변화할 수 있는 능력을 갖추는 것이 무엇보다 중요하다는 의미로 해석할 수 있을 것 같습니다. 4차 산업혁명 시대를 사는 우리 청년들 중에는 이러한 치열함에도 불구하고 글로벌기업을 목표로 하는 대학생들이 상당히 많은데요. 이러한 학생들에게 반드시 필요한 능력이 있다면 어떤 것이 있을까요?

A 한국에 진출한 대부분의 글로벌기업은 국내영업을 통해 목표를 달성합니다. 그러므로 효과적인 영업능력을 갖추기 위해서는 첫째 자신을 관찰하는 힘, 둘째 상대를 관찰하는 힘, 그리고 마지막으로는 논리적 사고체계가 필요하다고 생각됩니다. 자기를 잘 관찰해서 자기가 어떤 사람인지 파악하는 것은 실제 삶에서 만나는 수많은 문제해결에 도움이 됩니다. 또한, 여기에 상대를 관찰하는 힘이 더해진다면 상당한 시너지효과가 발생하지요. 인간 종족 중에 가장 유약했던 호모사피엔스가 다른 인간 종족과의 경쟁에서 살아남을 수 있었던 가장 큰 이유는 커뮤니케이션 능력이었다는 것은 주지의 사실입니다. 인간이 하는 모든 경제활동은 거의 커뮤니케이션에 기반하고 있고, 나를 알고 상대를 아는 상태에서의 커뮤니케이션은 세일즈 마케팅의 핵심이 되기 때문입니다. 이러한 숱한 커뮤니케이션 과정에서 상대방을 어떻게 설득해야 하고, 예상되는 반론에 어떻게 대응해야 할 것인지를 판단하기 위해서는 무엇보다 논리적 사고체계가 중요합니다. 이 세 가지 요건이 잘 갖추어진다면 아마도 어느 기업에서나 필요로 하는 인재가 될 수 있을 것입니다. 한 가지 덧붙이자면 국내 영업이 주가 되기 때문에 영어를 퍼펙트하게 할 필요까진 없지만 본사를 비롯한 해외조직과의 원활한 업무진행 및 의사소통을 위해서는 일정 수준 이상의 외국어 능력이 갖추어진다면 금상첨화이겠지요.

Q 최영구 대표님은 서울대 재학시절, 학생운동을 하시다가 투옥되신 경험도 있으시고, 또 수차례의 실패 경험을 딛고 일어서 지금의 글로벌기업 CEO가 되시기까지 정말 수많은 인생역정이 있었다고 알고 있습니다. 어쩌면 이러한 경험들이 대표님의 사유체계를 풍성하게 하는 정신적 자산이 되지 않았을까 싶은데요, 마지막으로 기업의 CEO 입장에서 오늘날 대학이 나아가야 될 방향성이나 지향해야 할 교육에 대해 생각하신 바가 있다면 조언해 주시길 부탁드립니다.

A 교육자는 아니지만, 교육에 남다른 관심이 있는 저로서는 오늘날 우리나라 대학을 바라보았을 때 사실 약간의 우려스러운 부분이 있는 것도 사실입니다. 지금도 실험실이나 연구실에서 밤을 새워가며 노력하는 수많은 교수님과 연구원들이 많이 있는 건 사실이

지만 이러한 연구가 얼마나 상용화 가능성이 있고 시장성이 있을 것인지에 대해서는 약간의 의문이 있습니다.

예를 들어 제가 속해 있는 정밀 측량 측정기기 분야의 경우, 많은 대학 및 연구기관에서 정부 연구자금을 출연하여 외국에서는 이미 상용화되어 있는 장비를 국산화하기 위해 노력하고 있는 걸로 알고 있습니다. 그런데 이들 중 대부분 프로토타입만 개발해 놓고 그 이상 진전되지 못하는 경우가 많습니다. 왜냐하면 힘들여 하드웨어를 개발하는 데 성공했다 하더라도 국내 시장이 워낙 작다 보니 전 세계를 대상으로 마케팅 활동을 하려면 개발 비용의 몇 배가 들어가게 되는 데다 이미 시장을 점유하고 있는 기존의 경쟁자들을 물리치기도 쉽지 않은 상황이기 때문입니다. 그래서 과거 수입대체재를 개발하는 수준을 계속해서 반복하기보다는 기존에 상용화되어 있는 기술은 그대로 가져다 쓰는 대신 그 위에 어떤 부가가치를 얹을까에 대해 연구하는 것이 오히려 더 의미가 있지 않을까 싶네요.

우리나라의 기술력이 부족해서 그런 것이라기보다는 후발주자가 기술개발에 영업망까지 신규 발굴하여 선발주자를 따라잡으려면 투자대비 회수효과를 생각할 때 어려움을 겪을 수밖에 없기 때문입니다. 이를 타개하기 위해서는 선진국들이 아직 하지 않은 새로운 분야의 기술개발에 집중해야 하는데 그것은 시간과 비용 측면에서 말처럼 쉽지 않습니다. 제 경험상, 하드웨어 개발도 중요하지만 우리나라 사람이 잘하는 소프트웨어 개발 쪽에 좀 더 집중하는 것이 더 효과적이지 않을까 생각합니다. 기업규모가 영세해서 그렇지 우리나라 소프트웨어 기술력은 전 세계 어느 나라와 비교해도 뒤지지 않습니다. 그런데도 국내 중소기업들이 해외기업의 하청과 용역의 대상으로 전락해 가는 경우를 보면 매우 안타까운 심정입니다. 4차 산업혁명의 시대에는 하드웨어보다는 콘텐츠와 소프트웨어의 경쟁력이 훨씬 더 중요합니다. 따라서 우리나라 사람이 잘하는 콘텐츠 개발과 소프트웨어 분야의 육성에 대학이 두 팔을 걷어붙여 주시길 부탁드립니다.

3. 세 번째 인터뷰

– 포드코리아 정재희 대표

'글로벌 CEO에게 대학의 미래를 묻다' 세 번째 순서로 포드코리아 정재희 대표를 초대한다. 1995년에 설립된 포드코리아(유)는 포드자동차의 한국 법인으로서 2015년 국내 시장 진출 이후 최초로 연 1만대 판매고를 기록하는 등 수입차 시장에서 빠르게 성장하는 브랜드 중 하나로 자리매김하고 있다. 특히 지난 2010년 이후 성장세를 지속해온 포드코리아는 지난 2016년 한국시장에 진출한 수입차 브랜드 가운데 4위의 판매고를 기록하며 뜻깊은 한 해를 마감했다. 포드의 대표 모델인 익스플로러는 수입 대형 SUV 중 2016년 누적 판매량 1위(4223대)를 기록했으며, 머슬카의 아이콘인 머스탱은 스포츠 쿠페 모델 중 판매 1위의 자리를 수성하고 있다. 또한 포드의 럭셔리 라인 링컨은 지난 해 플래그십 대형세단인 컨티넨탈을 출시하며 아메리칸 럭셔리 자동차의 상징으로 자리매김하고 있다. <편집자 주>

"변화를 두려워말고 새로운 것을 시도할 것"

Q 먼저 포드에 대한 간략한 소개와 사회적 책임활동에 대해 소개해주시죠.

A 포드는 세계적 기업 윤리 연구소인 에티스피어 인스티튜트(Ethisphere Institute)가 주관하는 '세계에서 가장 윤리적인 기업'에 완성차 업체 중 유일하게 8년 연속 선정됐으며, 포드의 심장인 에코부스트 1.0L 엔진이 5년 연속 최고의 소형 엔진에 선정, '올해의 엔진(International Engine of the Year)상'을 수상하기도 했습니다.

또 포드코리아는 단순히 좋은 차와 서비스를 제공하는 글로벌 기업에 그치지 않고 사회적 책임을 다하고 커뮤니티와의 동반성장과 발전에 기여하고자 다양한 사회공헌활동들을 진행하고 있습니다. 풀뿌리 환경 운동을 진행하는 개인과 단체를 지원하는 '포드그

랜츠', 운전자 교육 프로그램인 '드라이빙스킬포라이프(DSFL)', '유방암 예방 캠페인, 워리어스인핑크' 등의 프로그램을 국내에도 선보이며 지역 사회와 상생하는 기업으로서 그 책임을 다하고자 노력하고 있습니다.

Q 생각했던 것보다 정말 대단한 기업이네요. 그런데 대표님은 어떻게 포드와 인연을 맺게 되셨는지요.

A "길이 이끄는 곳으로 가지 말고 길이 없는 곳에 가서 흔적을 남겨라." 1800년대의 대표 사상가인 에머슨의 말입니다. 이 말은 이 세상에 홀로 서라고 한 그의 말을 실천하기 위한 시작점인데, 나는 이 말을 좋아합니다. 내가 젊은 시절부터 이 말을 알고 있었던 것은 아니지만 난 스스로 이를 실천하고 있었던 것 같습니다. 길이 아예 없는 곳을 갔다고 할 수는 없겠지만 사회 초년병 시절에 무역 회사를 설립하고 당시에 흔하지는 않았던 영국 어학 연수 등 남들이 잘 하지 않는 길을 가보고자 했습니다. 그 시절 글로벌기업 또한 흔한 길은 아니었고, 이 같은 개척 정신이 나를 포드코리아로 이끌었습니다. 41세에 세계적인 글로벌 기업의 한국법인 대표가 되었고, 그 일을 15년 넘게 하고 있으니, 어찌 보면 남들 다 하는 길이 아닌 길을 걷고 있고, 아직까지는 그 길에 대한 후회는 없으니 나름 성공적이었다는 생각이 듭니다.

Q 글로벌기업에서 근무하는 동안 가장 보람 있었거나 기억에 남는 일이 있으시다면?

A IMF시절인 1998년 1월 포드코리아의 출고 야적장에는 1500여 대의 신차가 세차도 못 한 채 재고로 쌓여 먼지만 뒤집어쓰고 있었습니다. 그전 한 해 판매가 1800여 대였으니 가히 1년치가량의 물량이었습니다. 신규 오더는 취소한다 해도 이미 들어온 재고는 어찌할 수가 없었습니다. 그렇게 두어 달을 보내고 있던 중 하루는 우연히 신사동의 판매 전시장을 지나다가 주한 미군들이 쇼룸에 서성이는 걸 보았습니다. 그 길로 바로

용산의 미군 캠프로 찾아가 미군들이 차를 살 때 필요한 서류를 물어보고 바로 필요한 절차를 챙기기 시작하였습니다. 환율로 인해 같은 토러스(미국에서는 2만 6천 달러)를 거의 반값인 1만 3천 5백 달러의 가격에 내놓을 수 있었고 필요한 서류를 준비해 놓고 미군들이 볼 수 있게 광고를 하자 포드 매장에는 미군들로 북적이는 진풍경이 벌어졌습니다. 1800여 대의 재고는 6개월 정도 만에 거의 소진되어 포드는 그해 판매량으로 수입차 1위를 했고 덕분에 포드에서의 첫 위기를 무사히 넘길 수 있었습니다.

궁즉통(窮卽通), 즉 위기에 처할수록 정신을 집중하고 매 순간 길을 보고자 집중해야 합니다. 몰입하면 어느 순간 번뜩이는 생각 그리고 살길이 보입니다. 이러한 프로세스는 집중한다고 해서 없던 것이 새롭게 만들어진 것이 아니라 몰입함으로써 이미 존재하나 평상시에는 잘 볼 수 없었던 것을 볼 수 있게 된다는 것입니다."

Q 지금까지 만난 사원 중에 최고의 사원은 누구이며 어떤 사원이었습니까?

A 대학에서 정기적으로 강의를 해오고 있는데 특히 학부에서 졸업을 앞두고 있는 3~4학년을 대상으로 얘기할 때는 기업이 원하는 인재상을 얘기해줍니다. 많은 것들이 요구되겠지만 내가 원하고 만나고 싶은 인재상은 열정(passion)을 가지고 창의적 몰입을 할 수 있는 사람, 주인의식이 분명한 사람, 팀원과 동료에 대한 배려와 팀워크를 구현할 줄 아는 사람입니다.

열정만 있으면 되는 것이 아니고 몰입을 할 수가 있어야 잠재력이 발현되고 이를 통해 혁신을 도모할 수 있는 창의적인 일을 할 수 있게 되는 것입니다. 그리고 책임감의 원천인 주인의식을 갖고 있어야 한다는 것이고, 조직원 개개인들이 열린 사고와 소통을 할 줄 알아야 배려가 있고 서로가 존중하는 최고의 팀워크를 내는 조직이 될 수 있습니다. 내가 만난 최고의 직원은 바로 이와 같은 모습들을 지니고 매일 매일 실현해가는 직원입니다. 바로 내가 지금 같이 일하고 있는 포드코리아의 직원들 모두가 이에 해당합니다. 한국에서 법인을 만들던 약 25년 전에 내가 속해 있던 수출본부의 사장이었던 보스는 위와 같은 모습들을 항상 보여주었던 최고의 상사였는데, 내가 포드에 일하면서 가장 존경했던 상사입니다. 내가 그분에게 보고 느꼈던 그 모습들을 실천하고자 항상 노력하고 있습니다.

Q 글로벌 기업에서 활약하고 싶은 대학생들에게 가장 권하고 싶은 경험이 있다면?

A 대학생들에게 변화를 두려워하지 말고 새로운 것을 시도해 보길 권합니다. 이 변화의 시도를 누구는 혁신이라 평하기도 합니다. 물론 변화를 두려워하기도 합니다. 그럴 때일수록 스스로를 하고 싶고(to do), 되고 싶은(to be) 환경으로 밀어 넣어야 합니다. 전환기를 만들려고 발버둥치지 말고 변화가 몸에 붙을 수 있는 환경에 자신을 밀어 넣어 보라는 것입니다.

공부를 해야겠다는 생각은 있는데 몸과 마음이 따로 간다면 무작정 고시원으로 한번쯤 들어가 보기도 하고, 강의 시간에는 맨 앞줄에 앉아보는 겁니다. 변화가 자연스레 나에게 익숙해질 수 있는 환경에 내가 들어가 있다면 어느 순간 자연스럽게 변화된 나를 발견할 수 있을 것이고, 그것은 중요한 인생의 전환기로 이어집니다.

Q 우리나라 대학교육에 전하고 싶은 메시지나 조언이 있다면 말씀해주시죠.

A 4차 산업혁명 시대에 대학이 그 역할을 하기 위해서는 산업계와 긴밀한 협력이 필요하며, 모바일 시대에 걸맞은 프로그램이 도입되어야 할 것으로 보입니다. 해외 교육기관들은 이미 이러한 움직임을 보이고 있으며, 교육열이 어느 나라보다 높은 우리나라도 보다 빠르게 이러한 움직임에 동참하고 국내 실정에 맞는 다양한 교육 프로그램을 선보여야 합니다. 세계적인 경쟁력을 갖춘 인재를 키우기 위해선 빠르게 다변화하고 있는 시대에 맞게 교육과정의 틀을 바꾸고, 창의적인 연구, 영역을 허무는 융합연구, 국제 공동연구, 대체산업에 대한 심도있는 연구가 필요하다고 생각됩니다.

4. 네 번째 인터뷰

- 아코르 앰배서더 코리아 권대욱 대표

'글로벌 CEO에게 대학의 미래를 묻다' 네 번째 초대 손님은 아코르 앰배서더 코리아 권대욱 대표다. 아코르 앰배서더 코리아는 프랑스의 글로벌 호텔체인그룹 아코르와 국내의 대표적 호텔그룹인 앰배서더 호텔그룹이 공동출자한 인터내셔널 호텔운영사다. 현재 6개의 호텔브랜드로 6개 주요 도시에 19개 호텔과 약 4800여개의 객실을 운영하고 있는 한국에서 가장 큰 규모의 호텔운영사라고 할 수 있다. 권 대표는 인터뷰를 통해 젊은 청년들에게 인생에서 새겨야 할 마음의 기둥 세 가지를 소개한다. <편집자 주>

"자신의 진정한 소명을 아는 것이 진짜 삶의 시작!"

Q 우리나라 호텔업계에서 가장 성공한 CEO 중에 한 분이신 권대욱 대표님이 추천하는 인재상은 아마도 호텔업계 취업을 준비하는 학생들에게 많은 도움이 되리라는 생각이 듭니다. 지금까지 만난 사원들 중에 가장 기억에 남는 분을 한 분 소개해 주실 수 있는지요.

A 오랜 직장생활을 하면서 훌륭한 직원들을 많이 만났지만, 그 중에서도 한 사람만 꼽으라면 아코르 앰배서더 코리아에서 호텔 개발 쪽으로 채용했던 직원 한 명이 생각나네요. 그 친구는 기본적으로 전공에 대한 탁월한 전문성을 가지고 있었어요. 그렇지만 그 전문성이 제가 그 친구를 높이 평가하는 진짜 이유는 아니구요, 아마도 그의 가장 큰 능력은 사장인 나 스스로가 자진해서 그의 멘토를 자청하게 만들었다는 데에 있을 겁니다. 그에게는 업무 중에 모르는 것이 생기면 알 때까지 파고드는 남다른 집중력이 있었습니다. 그리고 평상시 그의 눈빛과 태도에서는 하나를 가르쳐주면 열을 깨우치려는 엄청난 열정이 묻어났지요. 특히 사업상 협상을 하다보면 정말 인내심이 바닥을 드러내는 순간

이 있는데 이 직원은 사장인 나보다 더 참을성이 뛰어난 거예요. 그런 순간들을 여러 번 같이하면서 나는 자연스럽게 그의 열정과 정신력을 신뢰하게 되었습니다.

그 뒤로 우리는 서로 단순한 고용관계를 넘어 진정한 동지관계로 인식하는 사이가 되었고, 기회가 있을 때마다 나는 클라이언트에 대한 태도나 협상의 기술과 같은 고도의 경영전략을 그에게 조언해 주었습니다. 배움에 목말라하고 성실하게 노력하는 자에게 무한한 애정을 느끼는 것은 아마 학생들을 가르치는 교수나 회사를 경영하는 사장이나 크게 다르지 않을 겁니다. 그도 나에게 조금은 도움을 받았을 테지만, 나 역시 그의 멘토 역할을 하면서 많은 것을 배웠습니다. 서로의 노력 덕분인지는 모르겠지만 그는 입사 7년 만에 아시아 태평양 개발 담당 총책임자로 성장하게 되었지요. 개인적으로는 한국에서 나와 계속 같이 근무하지 못하게 되는 것이 아쉽기는 하지만 그의 미래를 위해 너무 잘 된 일이라고 생각합니다."

Q 결국 회사도 사람을 키우는 곳이라는 점에서는 또 다른 형태의 학교이고, 그런 의미에서 두 분은 진정한 의미의 스승과 제자네요. 제자를 키우는 직업을 가진 저에게 교학상장을 통해 동반성장하는 두 분의 관계가 정말 부럽습니다. 방금 소개해 주신 직원처럼 당당한 사회인으로 자리매김하고 싶은 우리 대학생들에게 꼭 권하고 싶은 경험이 있다면 무엇인가요?

A 어떤 경험이든지 쓸데없는 경험은 없습니다. 경험은 무엇이나 나름의 가치를 가지고 있지요. 결국 경험을 내 것으로 만드는 반성적 사고가 중요한 것이지 경험의 종류가 중요한 것은 아니라는 말입니다. 그러나 만약 내가 다시 대학시절로 돌아간다면 여행이나 명상의 시간을 더 많이 갖고 싶습니다. 너무나 흔들리는 세상이기에 더욱 흔들리지 않는 가치관, 즉 단단한 마음기둥을 세우는 시간이 대학시절에 이루어진다면 좋을 것 같아서요.

대학시절에 '내가 왜 이 세상에 태어났을까' 즉, '나의 소명은 무엇인가'에 대해 생각해 봐야 한다는 것입니다. 아마도 신은 '그냥 대충 살다 와라'하고 우리를 이 세상에 던진 것은 아니라는 생각이 들거든요. 지금 우리가 보고 있는 저 별빛은 어쩌면 30억 광년 떨어진 별에서 온 것일 수도 있을 만큼 우주는 광대합니다. 그런데 인간이 위대한 것은 그런 우주보다 더 큰 우주를 마음에 품을 수 있기 때문입니다. 이 나이가 되고 돌이켜보니, 내가 누구이고 왜 이 땅에 태어났는지에 대한 내면적 성찰, 그리고 나는 무엇을 위해 살고 어떤 사람으로 살겠다는 가치관 정립에 여행이나 명상만큼 의미 있는 경험은 없는 것 같습니다.

Q 그럼 대표님께서는 우주보다 더 위대한 존재인 우리가 가진 소명은 무엇이라고 생각하시는지요?

A 그것을 알기 위해서는 단 하나의 굳은 결심이 필요합니다. '나는 무엇을 위해 살 것인지'라고 하는 목표 설정과 그것을 실현하기 위해 '나는 어떤 사람이 되겠다'고 하는 확고한 결심이지요. 그것이 없는 기타 어떠한 인생의 로드맵도 의미가 없습니다. 사실 어려운 얘기이긴 합니다. 저도 학교 다닐 때, 그런 생각을 못 했으니까요. 그러나 내가 대학생 때 그러한 결심을 할 수 있었다면 얼마나 좋았을까 하는 생각을 자주 합니다. 왜냐하면 그러한 결심만이 자신의 진정한 소명을 알게 해 줄 수 있고, 자신의 소명을 아는 것이 진짜 삶의 시작이니까요.

Q 그러고 보니 대표님이 청춘합창단 활동이나 산막생활 등 자신만의 독특한 삶의 무늬를 만들어가고 계신 것도 어쩌면 오랜 자기성찰의 결과물이란 생각이 드는데요. 중간에 많은 우여곡절이 있었지만 31년째 CEO 생활을 하고 계시고, 60대 중반인 지금도 현역으로 활동하시는 대표님께서 마지막으로 대학생들에게 꼭 전하고 싶은 메시지가 있다면 부탁드립니다.

A 저는 학생들에게 흔들릴 때 자신을 잡아주는 세 가지 마음기둥을 세우라고 조언하고 싶습니다. 그 첫째는 '선한 의지를 가져라'입니다. 어려운 일이기는 하지만 상대방이

나 상대방이 하는 일에 대해서 잘 되기를 바라는 마음을 가지라는 것입니다. 즉, 경쟁에서 이겨 혼자 잘 살려고 하기보다는 같이 잘 살 수 있는 사람이 되라는 의미입니다. 둘째는 자기 가슴속에 소위 호연지기라고 하는 '의(義)와 직(直)을 가지라'입니다. 힘들 일이 생길 때마다 나는 내게 반문합니다. 내가 과연 선한 의지를 가지고 있는가, 또한 이 일에 대해 내가 의롭고 정직하게 대처하고 있는가 하고 말입니다. 이러한 반문들은 지금까지 나를 숱한 유혹 속에서 흔들리지 않게 하는 중요한 버팀목이 되어 주었습니다. 마지막으로 세 번째는 '나는 어떤 역사를 쓸 것이냐'입니다. 이 세 가지 마음기둥을 세우면 흔들리는 세상 속에서 누구보다 당당해질 수 있습니다. 당당해지면 자존을 지킬 수 있고, 자존이 지켜져야 자유로워질 수 있습니다. 진정한 행동의 자유를 얻을 때 우리의 청년들도 비로소 자기 삶의 주인이 될 수 있을 것이라 생각합니다.

5. 다섯 번째 인터뷰

- (주)씨이오스위트(CEO SUITE) 김은미 대표

'글로벌 CEO에게 대학의 미래를 묻다' 다섯 번째 손님으로 오피스 서비스 기업 (주)씨이오스위트(CEO SUITE)의 김은미 대표를 초대했습니다. CEO스위트는 사무실을 비롯해 회의실, 비품, 비서 인력, 법무, 재무회계, 인사 등 기업운영에 필요한 원스톱 토털 서비스를 제공하는 세계적인 오피스 서비스 기업으로 현재 인도네시아 자카르타, 중국 상하이, 태국 방콕 등 아시아 8개국 9개 도시에 19개 지점(1000여개의 사무실)을 운영하고 있습니다. <편집자 주>

"4차 산업혁명 시대엔 감성·창의력 겸비한 인재가 필요"

Q 김은미 대표님 안녕하세요? 이번에 한국 방문은 일정이 짧아 스케줄이 매우 타이트하다고 들었는데 이렇게 흔쾌히 인터뷰에 응해주셔서 감사합니다. 우선 최근에 강남구 파르나스타워에 CEO스위트 한국 2호점을 오픈 하신 것, 진심으로 축하드립니다. 오픈 파티 때 가보니 파르나스타워 지점이 광화문 지점 못지않은 입지 조건과 세련된 품격을 가진 비즈니스센터여서인지 오픈하자마자 고객사가 줄을 이어서 이미 사무실은 거의 만실이라고 들었습니다. 정말 뿌듯하시겠습니다.

A 감사합니다. 저에게 있어서 비즈니스는 삶과 인생을 나누는 일입니다. 그 동안 저와 진심어린 교감을 주고받았던 많은 분들의 도움으로 이런 좋은 성과를 거두게 된 것 같아 기쁩니다.

Q 제가 보기에도 대표님의 다른 사람에 대한 '마음 챙김'은 정말 대단하신 것 같아요. 만날 때마다 다른 사람에게 새로운 영감과 열정을 심어 주시고, 어려움을 겪는 이에

겐 항상 따뜻한 격려와 위로를 아끼지 않으시니, 그런 대표님 주위에 사람이 없다면 그게 오히려 이상하지요. 앞으로도 대표님이 하시는 사업이 더욱 번창하시길 바라면서 이제 본격적으로 몇 말씀 여쭙겠습니다. 대학생 자녀가 있으신 데다, 평소 우리나라 대학생들의 멘토 역할을 많이 해 오셔서인지 대학교육에 대해 남다른 관심을 가지신 걸로 알고 있습니다. 요즘 '대학이 위기다'라는 인식이 사회전반에 확산되고 있는데 대표님은 그 이유가 어디에 있다고 생각하시는지요.

A 대학을 졸업하는 순간, 대학에서 배운 지식은 구시대의 유물이 되어 버리는 시대에 살고 있습니다. 이미 하늘에는 어릴 때 우리가 상상하던 조종사 없는 비행체인 드론이 날고, 땅에는 기사 없는 무인자동차들이 도로를 질주하고 있습니다. 또한 머지않아 지금의 직업 1/3이 사라진다고 하는 오늘날에는 학위조차 그 존재감이 희미해질 수밖에 없는데요. 그렇다면 오늘날 대학에서는 무엇을 가르쳐야 할까요. 그것을 알기 위해서는 현재 눈앞에 도래한 4차 산업혁명시대에 필요한 인재상에 대해 생각해 볼 필요가 있습니다. 누가 뭐래도 4차 산업혁명 시대의 승자는 원천기술을 가진 기업이 아니라, 인간에 대한 깊은 통찰을 통해 기술을 선택하고 응용하여 가치를 극대화하는 기업이 될 것입니다. 따라서 대학의 교육은 인간만이 가진 감성과 창의력을 발달시켜, 인간의 대한 이해를 보다 폭넓게 할 수 있는 인문학에 바탕을 두어야 하겠지요. 그럼에도 불구하고 우리나라 대학은 인문학을 현실과 유리된 학문으로 인식하여 홀대하거나 아예 관련학과를 폐과시키는 경향이 많은 것 같습니다. 문제는 인문학이 현실과 동떨어진 학문이어서가 아니라 인문학을 어떻게 세상과 접목시켜야 하는지에 대한 방법론적 연구가 부족하다는 것인데 말이지요. 텍스트 속의 인문학을 세상과 만나게 하고 세상 속으로 이끌어 내어 새로운 가치를 창출하는 것이 대학교수나 학자의 역할인데, 그런 그들 중 상당수가 당장의 효용가치에 매몰되어 인문학의 가치를 평가절하 하는데 일조하고 있다는 사실이 안타깝습니다.

Q 현재 대학에 몸을 담고 있는 한 사람으로서 대표님의 말씀에 깊이 공감합니다. 특

히 산업수요에 따라 학과를 개편하고 정원을 조정하기 위해 실시되고 있는 교육부의 대학구조조정에서 공대를 증원하는 대신 가장 많이 정원을 감축한 분야가 인문·사회 계열이었다는 사실만 보더라도 대표님의 염려가 기우가 아니라는 사실을 알 수 있습니다. 그렇다면 전통적인 인문·사회 계열인 역사학과나 어문학과 등이 오늘날의 대학사회에서 어떻게 새로운 활로를 모색할 수 있을까요.

A 일반적으로 공학이 1+1=2를 만들어내는 프로세스라고 할 때, 인문학은 상상력을 통해 1+1=10이라는 결과를 만들어 낼 수 있는 무궁무진한 자원입니다. 역사학이나 어문학과도 같은 맥락에서 이해할 수 있습니다. 특히 역사학은 인류의 경험을 후세에 전해서, 잘한 것은 본받고 잘못한 것은 경계하도록 도와주지요. 따라서 역사학의 목적은 단순히 과거에 대한 연구가 아닌 과거를 되돌아보면서 현대의 삶을 보다 융성하게 하는 것에 있어야 합니다. 제 생각으로는 대학의 역사학과 커리큘럼에 과거의 역사를 현재의 실생활에 접목하게 하는 과목이 개설된다면 효과적일 것 같습니다. 예를 들면 역사적 소재를 바탕으로 드라마나 영화, 혹은 뮤지컬의 콘텐츠를 창작해보게 하는 것도 좋은 방법이겠지요. 스토리는 역사 속에서 찾되 대사나 의상, 무대를 현대적 관점으로 재해석하여 구성한다면 세대를 초월한 공감을 얻어낼 수 있을 것입니다. 그런 의미에서 본다면 역사학은 문화 콘텐츠의 보물창고가 아닐까요. 영문학과도 마찬가지입니다. 우선은 주인공 또는 등장인물의 관점을 이해하는 '관점전환훈련'이나 '공감능력'을 길러주는 커리큘럼을 통해 글로벌 커뮤니케이션 기술을 터득할 수 있습니다. 또는 문학 속에 숨어 있는 등장인물들의 주거생활, 생활방식, 요리법 등을 빅데이터로 활용하는 과목을 만들어 보는 것도 좋을 것 같습니다. 만약 학과명에서 풍기는 고리타분함 때문에 학생들이 학과선택을 기피한다면 기술영역과 융합한 현대적 감각의 학과명으로 개칭하는 것도 하나의 방법이라고 생각됩니다. 예를 들면 역사 콘텐츠학과나 영문학 스토리텔링학과 정도가 어떨까 싶네요.

Q 와, 정말 대표님의 혜안에 감탄을 금할 수가 없네요. 대학을 하나 세우셔도 잘 운

영하실 것 같다는 생각이 듭니다. 대표님과 인문학의 가치에 대한 이야기를 나누다보니 갑자기 대표님께서는 인문학적 소양을 넓히기 위해 어떤 노력을 기울이고 계신지 궁금해지는데요.

A 저는 인문학이 사람에게 좀 더 깊이 다가가는 것을 목적으로 하는 학문이 아닌가 싶어요. 그래서인지 저의 인문학 공부는 사람들이 어떻게 사고하고 행동하는지 알고 싶은 호기심에서 출발한 것 같습니다. 특히 저는 글로벌 비즈니스를 하는 사람이라 여러 나라 사람들의 삶이나 생활상에 관심이 많은 편입니다. 그래서 저는 주로 책을 읽습니다. 사람에 대한 호기심을 충족시켜주는 가장 효과적인 방법은 독서라고 생각하니까요. 특히 소설을 통해 저는 세상을 읽습니다.

Q 다른 종류의 인문학 서적도 많은데 굳이 소설을 가장 선호하시는 특별한 이유가 있을까요.

A 제게 있어서 사람들이 어떻게 살고 무엇을 원하는지에 대한 글로벌 조사방법의 1위가 소설읽기입니다. 왜냐하면 나는 내 삶 말고 다른 사람의 삶을 직접 살아볼 수 없으니까요. 되도록 많은 나라의 다양한 소설을 구해서 읽고 있습니다. 소설을 통해 저는 세상 사람들이 어떻게 태어났고, 어떻게 살고, 어떻게 생각하는지, 그리고 무엇을 믿고 무엇에 기뻐하고 무엇에 슬퍼하는지도 알게 됩니다. 더 깊이 들어가면 그들이 어떻게 사랑하고 어떻게 헤어지고, 어떻게 아이를 키우고, 어떻게 죽는지를 알게 되지요. 또, 과거에는 이렇게 살았는데 지금은 이렇게 살고 있구나에 대한 인류 역사의 변화과정을 확인하기도 합니다. 정말 소설에는 인간 삶의 자화상이 모두 담겨있어요. 그래서 인문학은 여타 사회과학의 근본이 되는 것 같습니다. 국가나 사회, 그리고 문화를 파악하기 위해서는 먼저 사람을 이해해야 하니까요.

Q 가끔 대표님을 보면서 어떻게 저렇게 다양한 나라의 사람들과 어떻게 저렇게 스스

럼없이 친구가 되실 수 있을까 궁금했었거든요. 그런데 오늘 대화를 나누다보니 평소 소설 읽기를 통해 얻어진 대표님의 사람에 대한 관심과 이해가 글로벌 커뮤니케이션의 바탕이 된 것이라는 생각이 드네요.

A 그럴지도 모르겠네요. 그래서 소설은 때로 많은 대화의 모티프가 되기도 하고 많은 대화의 결말이 되기도 합니다. 제가 소설을 통해 일본인의 DNA, 중국인의 DNA를 스캐닝하고, 그것들을 인간관계에 잘 적용하면 거기에서 좋은 비즈니스 관계가 형성되고 깊은 우정도 생기는 것 같습니다. 그런데 여기서 한 가지 주의할 점은 책은 반드시 양서여야 한다는 것입니다. 인사이트를 얻을 수 없는 책은 정크 푸드일 뿐입니다. 정크 푸드는 당장의 허기는 달래줄 수 있어도 결코 몸에는 이롭지 않지요. 책도 마찬가지인 것 같아요. 하지만 양서라고 해서 고전만을 고집하거나 어려운 책을 고집할 필요는 없어요. 우선은 읽는 기쁨이 있고, 자신의 눈높이에 맞으면서도 작은 삶의 변화를 이끌어내 줄 수 있는 책이 자신만의 양서가 아닐까 싶어요.

Q 대표님이 아시는 글로벌 기업가 중에 가장 독서를 많이 하시는 분을 꼽으라면 어떤 분이 있을까요.

A 큰 기업을 일구신 분들은 대부분 독서의 중요성을 알고 계시는 분들입니다. 독서 없이 자신의 경험만으로 글로벌 시대의 일류기업을 경영하기는 쉽지 않으니까요. 얼른 떠오르는 분이라면 아모레 퍼시픽의 서경배 회장님을 들 수 있는데요. 이 분은 대단한 독서 마니아이셔서 독서를 통해 얻은 풍부한 인문학적 소양을 제품의 스토리텔링에 십분 발휘하고 계시지요. 대표 브랜드인 설화수라는 제품명에 혹독한 자연을 이겨내고 피어나는 설화(雪花)처럼 강인하면서도 신비한 동양의 여인상을 담아내어 한국의 미의식을 세계에 알리는 계기를 만드셨죠. 특히 수많은 재료들 중, 전통 한방재료인 고려인삼을 사용하여 재료에 대한 신뢰도를 높여 고품격 브랜드 이미지를 구축한 것도 그 분의 인문학적 통찰력이 만들어낸 훌륭한 성과라고 할 수 있습니다. 제 생각에 앞으로 기업하는

분들이 가장 염두에 두어야 할 것은 이처럼 인문학적 소양을 통해 기업에 고유의 영혼을 불어넣는 일일 겁니다. 껍데기를 모방하는 데는 단 1초도 걸리지 않는 시대가 이미 도래하고 있으니까요.

Q 아모레퍼시픽에서는 직원들의 인문학적 통찰력을 고양하기 위한 독서경영을 시도하고 있다는 기사를 읽은 적이 있는데 이 역시 독서를 중요시하는 경영자의 마인드와 무관하지 않았네요. 지금까지 김은미 대표님과 인터뷰를 하면서 대표님이 생각하시는 인문학은 인간이나 기업에 생명을 불어넣은 영혼의 샘터가 아닐까 하는 생각이 듭니다. 마지막으로 대학에 있어서 인문학은 어떤 의미일지를 묻는 질문으로 오늘 인터뷰는 마무리하고자 합니다.

A 기업의 성패를 좌우하는 것은 제품이 가진 품질과 이미지입니다. 그러나 오늘날 품질은 다른 기업과 격차를 벌이기도 어렵고, 설사 격차를 벌였다 하더라도 그것은 금세 추월당할 수 있습니다. 따라서 사람의 마음을 잡는 제품은 하이퀄리티의 바탕 위에 고상함이라는 이미지가 덧입혀졌을 때 비로소 빛을 발할 수 있습니다. 고상함을 만드는 심미안은 인문학을 통해서만 얻어질 수 있다는 사실은 두말할 필요가 없지요. 고상함과 하이퀄리티는 비단 기업의 성패만을 좌우하는 것이 아닙니다. 날이 갈수록 치열해지고 있는 대학 간 생존경쟁에서 살아남기 위해 대학이 갖추어야 할 핵심역량 역시 대학 본연의 고상함과 교육의 하이퀄러티가 아닐까 싶습니다.

6. 여섯 번째 인터뷰

– (주)아미글로비즈 박재인 대표

이번 '글로벌 CEO에게 대학의 미래를 묻다' 에서는 최근까지 삼성물산과 제일모직 상무를 역임하면서 삼성그룹 내 여풍(女風)을 주도한 박재인 (주)아미글로비즈 대표를 초대했습니다. <편집자 주>

"훌륭한 스승좋은 경험·성공한 멘토를 제공하라"

Q 박재인 대표님이 새롭게 운영하는 회사가 어떤 곳인지 소개 부탁드립니다.

A 네. (주)아미글로비즈는 공간디자인 전문회사로 공간 콘셉트 개발과 브랜딩 등 다양한 분야의 전문가들이 함께 일하는 글로벌 디자인 회사입니다. 건축전문가, 인테리어디자이너, 조명디자이너 및 그래픽디자이너로 구성된 팀빌딩을 통해 상업·식음공간 및 주거·호텔 디자인을 기획하는 일을 주로 하고 있습니다.

Q 대표님은 어떤 계기로 지금의 디자인 업무와 인연을 맺게 되셨는지요.

A 누구나 그렇지만 대학 다닐 때 미래에 대한 고민을 참 많이 했던 것 같아요. 특히 내가 하고 싶은 일이 무엇이고 내가 남들보다 잘할 수 있는 일이 무엇인가, 그리고 어떻게 그것을 극대화할 수 있을까를 주로 고민했던 것 같아요. 졸업하고 나서는 곧바로 미국에서 직장생활을 시작했습니다. 동부와 서부, 남부의 문화적 차이를 경험할 수 있는 캘리포니아, 뉴욕 등에 지원해서 근무했는데요, 그때의 경험이 아직도 저의 디자인 기획에 많은 영향을 주고 있는 것 같습니다.

Q 대학 때, 진로에 대해 진지하게 고민한 결과로 지금의 대표님이 있다는 이야기로 해석할 수 있겠네요. 기성세대들이 오늘날 청년들에 대해 논할 때 자주 등장하는 문구가 '요즘 청년들에게는 꿈이 없다'는 건데요. 자신만의 꿈을 찾기 위해 누구보다 대학시절을 치열하게 보냈던 박 대표님은 이런 최근 경향에 대해 어떻게 생각하시는지요.

A 한국 사회의 청년들은 유독 어린 시절부터 주위 사람들에게 '너의 꿈이 무엇이냐?'는 질문을 많이 받는 것 같습니다. 아마도 우리 사회가 성공한 인생에는 반드시 꿈을 꾸는 행위가 전제되어야 한다는 믿음을 갖고 있어서겠지요. 그래서인지 청년들 중에는 꿈에 대해 강박증을 느끼는 경우도 상당 수 있어 보입니다. 고민해 봐도 자신에게 맞는 꿈을 찾지 못했거나 진정으로 하고 싶은 일이 무엇인지 알 수 없을 때, 청년들은 미래에 대한 꿈조차 설정하지 못하는 자신에 대해 낙담하고 심한 경우에는 스스로를 자책하게 되기도 합니다. 사실 꿈을 꾸지 못하는 것은 정말 꿈이 없거나 찾을 수 없다기보다는 청년들이 자기 앞에 놓인 미래의 가능성에 대해 열린 마음으로 받아들일 수 있는 유연성을 잃어버렸기 때문이라고 생각됩니다.

Q 그렇다면 그런 유연성을 회복하기 위해서 청년들은 어떤 노력을 해야 될까요?

A 청년들이 대학에 입학하자마자 자신의 인생, 특히 직업에 대해 미리 결정하지 않기를 바랍니다. 왜냐하면 저는 섣불리 자신의 미래를 특정 짓는 것은 조금 위험할 수 있다고 생각하기 때문입니다. 물론 목표 설정이 이르면 이를수록 조금 더 빨리 목표에 도달할 수 있을지는 모릅니다, 하지만 그 길이 정말 나를 행복한 삶으로 인도하는 길일지에 대해서는 아무도 보장할 수 없습니다. 제 경험상, 너무 어린 시기에 자신의 진로를 결정한 친구들 중 상당수가 나중에 자신이 선택한 길을 후회하는 경우를 많이 보았습니다. 이른 시기부터 자신의 갈 길을 정해 놓은 청소년들은 그 길이 본인이 좋아하거나 하고 싶은 일이어서 선택한 것이라고 믿고 싶겠지만 사실 그 꿈은 부모가 원하는 직업이나 혹

은 당시 사회가 우상화한 직업과 혼동해서 정해지는 경우가 많습니다.

어차피 인간은 환경의 지배에서 자유로울 수 없으므로 자신을 둘러싼 환경이 자신의 미래를 결정하는데 일정부분 영향을 미치는 것은 당연합니다. 하지만 중요한 것은 정도의 문제이지요. 아직은 자기 자신과 삶에 대한 통찰이 미숙한 청소년기의 직업선택은 오히려 부모의 아바타가 되거나 자신이 원하는 직업에 다가갈 수 있는 기회조차 박탈하는 악수가 될 수도 있습니다. 왜냐하면 청소년기에는 실제적인 사회경험이 부족한 데다 입시 위주의 교육으로 인해 자신의 삶을 위한 뜨겁고 진지한 고민의 시간이 그리 넉넉지 않기 때문입니다. 그래서 제 생각엔 대학에 들어오기 전부터 '나는 이렇게 살 것이다.'를 미리 정해 놓기보다는 대학생활을 통해 앞으로 자신에게 펼쳐질 다양한 가능성에 주목하는 편이 자신의 행복한 삶을 개척하는데 훨씬 유용하다고 생각합니다. 주위의 시선으로부터 자신을 해방시킬 수 있는 확실한 경험과 미래에 대한 신중한 고민 끝에 얻어지는 꿈이야말로 허상이 아닌 진정한 꿈으로 실현될 확률이 높으니까요

Q 대표님의 말씀을 요약해보면 대학의 역할은 학생들이 꿈을 찾아갈 수 있도록 다양한 자극을 촉진하는 '경험의 장'을 제공하고, 교수자는 그 '경험의 장'에서 학생 자신도 미처 몰랐던 역량을 발견할 수 있도록 인도하는 길라잡이가 되어 주는 것이라고 할 수 있을 것 같습니다. 그렇다면 대학이 그런 역할을 충실히 수행하기 위해서는 어떤 실제적 접근이 필요하다고 생각하시는지요.

A 저는 대학은 직업학교가 아니라고 생각합니다. 사실 직업학교를 꿈꾼다 해도 시시각각 급변하는 세상 속에서 이제 더 이상 대학교육만으로 즉전력(卽戰力; 실전에 투입되었을 때 즉시 사용할 수 있는 능력)을 갖춘 전문인을 양성하기는 쉽지 않지요. 왜냐하면 대학을 졸업하기도 전에 대학에서 배운 지식과 스킬은 이미 과거의 유물이 되어 가고 있을 테니까요. 따라서 대학은 전문인 육성에 앞서 전문인이 될 수 있는 기본적 소양을 키워주는 교육을 더욱 중시해야 합니다. 그런 의미에서 보자면 최근 꿈이 없는 대학생들이 많다는 것은 어쩌면 진짜 꿈을 찾아 줄 교육의 기회가 아직은 대학의 책무로 남겨져 있다는 의

미이기도 하겠지요.

꿈을 찾아주는 소양교육을 위해서는 우선 교수와 학생이 1 대 1로 만나 진솔한 인생의 대화를 나눌 수 있는 기회가 자주 제공되어야 할 것 같습니다. 좋은 스승을 만날 수 있다는 건 예나 지금이나 인생의 승패를 가름하는 중요한 열쇠이니까요. 둘째로는 학생들에게 보다 다양한 경험프로그램을 제공하여 학생 자신이 잘할 수 있는 일을 찾게 하는 데 대학이 최선의 노력을 기울여야 할 것입니다. 만약 학생들이 잘 할 수 있는 일에서 즐거움까지 발견할 수 있다면 바로 그 때가 그들의 진짜 꿈이 잉태되는 시점일 테니까요. 마지막으로 학생들에게 성공한 직업인을 만나볼 수 있는 기회를 대학이 최대한 많이 제공할 수 있기를 바랍니다. 제가 말하는 성공한 직업인은 일반적인 사회 통념상의 고액 연봉자가 아니라 자신의 가치관을 실현함으로써 진정한 행복을 찾은 직업인입니다. 갈 길을 몰라 헤매는 대학의 청춘들에게 좋은 스승과 좋은 경험, 그리고 성공한 멘토를 제공하는 것이야말로 4차 산업혁명 시대의 대학교육이 추구해야 할 지향점이 아닐까 생각합니다.

Q 대표님 말씀을 듣다보니 대학 때 제 은사님께서 하신 말씀이 떠오르네요. "좋은 교육은 찡그리며 일하는 판사를 만들기보다 콧노래를 부르는 목수를 만드는 일이다"라고 하시던… 오늘 우리나라 대학교육에 대해 좋은 말씀 해주셔서 감사하고요. 앞으로 대표님께서도 많은 대학생들의 훌륭한 멘토가 되어 주시길 기대하겠습니다.

7. 일곱 번째 인터뷰
-(주)테크앤로 법률사무소 구태언 대표

오늘 '글로벌 CEO에게 대학의 미래를 묻다'는 서울중앙지방검찰청의 첨단범죄수사부 검사 출신으로 국내 최대 로펌 '김앤장'의 정보보호·부정조사 팀장을 거쳐 현재는 글로벌 법률회사 '테크앤로'의 대표변호사를 맡고 있는 구태언 대표를 초청했습니다. 테크앤로 법률사무소는 기업의 개인정보보호, 금융보안, 지식재산권과 같은 IT와 정보보안과 관련된 최첨단 법률서비스를 제공하는 회사입니다. 2012년에는 법조인 최초로 방송통신위원장이 수여하는 '정보보호대상 공로상'을 수상하기도 했습니다. <편집자 주>

"철학적 사유 습관화 인간에 대한 이해의 폭을 넓혀보자"

Q 제 주위에는 대표님처럼 특정 영역의 전문 변호사를 꿈꾸는 청년들이 상당히 많은데요, 이들에게 대표님이 생각하시는 변호사가 갖추어야 할 기본소양에 대해 한 말씀 해 주시죠.

A 좋은 변호사가 되기 위해서는 우선 변호사라는 직업의 본질을 이해해야 합니다. 변호는 다른 사람의 일을 법률적으로 대변하는 일입니다. 따라서 변호사가 갖추어야 하는 가장 중요한 능력으로는 3가지 정도를 들 수 있습니다. 첫 번째는 너무 당연한 말이지만, 법률적인 전문성이 있어야 합니다. 어느 분야나 마찬가지겠지만 원천 기술이나 기본기 없이 직업인으로서의 성장과 발전은 기대할 수 없으니까요. 두 번째로 변호사업은 사업을 스스로 기획하기 보다는 다른 사람을 돕는 일 그 자체가 사업의 아이템이기 때문에, 뛰어난 창의력보다는 인간에 대한 휴머니티를 필요로 합니다. 다시 말해, 다양한 사람들에게 관심을 갖고 그들과 언어라는 도구를 통해 교제하는 행위를 즐길 줄 알아야 하지요. 세 번째는 타인에게 발신하는 말과 글이 논리적 사고 체계를 갖추어야 합니다.

복잡한 생각을 하기 싫어하거나 다른 사람과 논쟁을 두려워하는 사람은 근본적으로 이 직업에 적합하지 않습니다.

Q 그렇다면 대표님이 언급하신 능력을 개발하기 위해서는 대학생들이 어떤 학창시절을 보내야 한다고 생각하시는지요?

A 한번쯤 철학에 심취해 보는 것도 좋을 것 같습니다. 사고법칙의 타당성을 다룬다는 점에서 철학의 기반은 논리학이라고 할 수 있습니다. 논리학은 인간의 지식활동에 관련된 원리들을 분석하고 명제화하며 체계화하는 학문이지요. 체계적 사고, 비판적 사고 등으로 대별되는 논리학을 습득하기 위해서는 철학적 사유 방식을 습관화할 필요가 있을 것 같습니다. 또한 철학은 기본적으로 '인간으로서 어떻게 살 것이냐'라고 하는 실존적 물음에 답을 찾아가는 과정이므로, 철학하는 습관은 인간에 대한 깊은 이해는 물론 언어라는 사유도구의 활용 측면에서도 매우 유용합니다. 그러나 철학에 입문하는 것이 아직은 좀 부담스럽게 느껴진다면 좀 더 쉬운 방법으로 추리소설을 읽기를 권합니다. 추리소설의 작가가 심혈을 기울여 만든 수수께끼를 풀어나가다 보면 마치 게임의 레벨 업 과정처럼 자연스럽게 사고의 확장이 이루어질 것입니다. 그와 동시에 소설에 등장하는 다양한 인간 군상들과의 만남을 통해 자신도 모르는 사이 인간심리에 대한 이해의 폭도 넓어지게 됩니다.

Q 저도 강단에서 교육철학을 강의하고 있습니다만, 요즘 학생들은 '철학'이라고 하면 일단 지루하고 어려운 학문일 것이라는 선입관을 가지고 있습니다. 그래서인지 수강 기피 과목 일순위로 분류되기도 하지요. 때문에 저는 인간으로 태어나 철학하는 것이 얼마나 멋진 작업이고, 우리의 일상 자체가 얼마나 소소한 철학들로 가득 차 있는지를 깨닫게 하는 데 많은 시간을 할애하고 있습니다. 대표님 말씀을 듣고 보니 논리적 사고의 즐거움을 깨닫게 하는데 추리소설 읽기도 좋은 교육방법이 될 것 같습니다.

A_ 제 생각에 추리소설가와 변호사는 상당히 유사한 능력이 요구되는 직업인 것 같습니다. 추리소설의 스토리는 항상 작가가 미리 설정해 놓은 정교한 트릭과 허를 찌르는 반전이 거듭되지요. 다시 말하자면 추리소설을 읽는 행위는 작가가 출제한 문제를 독자가 풀어가는 과정입니다. 변호도 이와 크게 다르지 않습니다. 변호는 의뢰인을 대신하여 명확한 법리해석과 논리를 무기로 소송상대자를 굴복시키는 일입니다. 따라서 변호인에게 있어서의 법정 공방은 소송상대자가 제기한 피고의 위법성이라는 봉인을 풀어야만 하는 과업의 수행인 셈이지요.

Q 추리소설 작가가 독자와 명운을 건 두뇌게임을 전개하는 반면, 변호사는 법정과 사활을 건 법리다툼을 벌입니다. 추리소설도 법리공방도 모두 논리에 죽고 산다는 점에서 보면 추리소설작가와 변호사란 직업은 정말 여러 면에서 닮을 꼴이라는 생각이 듭니다. 그럼 이번에는 구대표님께 변호사로서가 아니라 법률사무소 '테크앤로'의 경영자로서 평소에 갖고 계신 인재상이 있다면 소개해 주시겠습니까?

A 저는 인공지능(AI)처럼 스스로 진화하는 인재를 원합니다. 예를 들면 '지시한 사항은 반드시 수행한다', '하나를 시키면 둘을 한다', '안 시켜도 알아서 한다'의 프로세스로 성장해 가는 직원입니다. 조금 부연설명을 덧붙이자면 업무에 성실한 태도로 임하는 것은 기본이구요, 거기에 없는 일도 찾아서 하는 근면의 자세와 필요시에는 스스로 알아서 처리하는 지혜까지 가진 인재라면 최고가 아닐까 싶습니다. 이런 인재라면 언제 어느 곳에서나 환영받는 직원이 될 것입니다.

Q 듣다보니 대표님은 제가 만난 어떤 분보다 사람 욕심이 많으신 듯합니다. 대표님께 인재란 평가를 받으려면 보통 능력으로는 쉽지 않겠는데요(웃음). 말씀을 나누다보니 벌써 마지막 질문을 해야 될 시간이네요. 대표님께서는 우리나라의 대학교육이 앞으로 어떤 방향을 지향해야 한다고 생각하시는지요?

A 제 생각에 대학은 학생들의 문제해결력 배양에 교육역량을 집중해야 하지 않을까 싶습니다. 시시각각 변하는 4차 산업혁명 시기에 아무런 증거도 없이 기업에게 대학교육을 신뢰해 달라고 요구하기보다 우선은 대학교육의 결과치를 기업의 눈으로 확인할 수 있게 해 주어야 한다고 생각합니다. 예를 들어 1,2학년 때는 전공기초나 교양을 통해 사회인으로서의 기본소양을 습득하도록 하는 것이 필요하겠지만, 적어도 3,4학년이 되면 문제해결을 위한 프로젝트형 수업을 통해 한 분야라도 깊이 있게 접근할 수 있는 기회를 마련해 주어야 할 것입니다. 그래서 화가라면 당연히 자신만의 화풍이 있어야 하듯, 대학을 졸업할 즈음에는 우리 학생들도 특정 영역에서 자신만의 방법론을 확립할 수 있어야겠지요. 그것이 바로 직업인으로서 맞닥뜨리게 될 현실세계의 당면 문제들을 해결할 수 있게 하는 '산교육'이 아닐까요?

제3장
진로개척을 위한
성찰노트를 적다

진로학습 성찰노트를 작성하는 7가지 이유 / 진로학습 성찰노트 작성하기(10회분)

진로학습 성찰노트

▍진로학습 성찰노트를 작성하는 7가지 이유▍

'진로학습 성찰노트'는 '학습자' 자신이 진로와 관련된 학습내용과 학습과정에 대해 '스스로' 성찰한 내용을 기록하는 자료이다. 많은 연구들을 통해 '학습성찰노트' 작성이 학습자의 메타인지, 학업성취, 문제해결과정, 자기주도학습 수행에 매우 긍정적인 영향을 미치는 것으로 보고되고 있다.

01 '진로학습 성찰노트'를 꾸준히 작성하면 자신이 미처 깨닫지 못했던 자신의 새로운 관심 영역을 발견할 수 있다.

02 '진로학습 성찰노트'는 학습자의 자기주도적인 진로 학습력을 배양할 수 있다.

03 '진로학습 성찰노트'는 자아성찰, 분석, 반성의 기회를 제공하기 때문에 학습자의 학업성취 향상을 기대할 수 있다.

04 '진로학습 성찰노트'에는 학습자의 생각, 느낌, 경험 등이 표출되어 있으므로 학습자에 대한 이해도를 향상시킴으로써 교수·학습자 간 라포형성에 도움이 된다.

05 '진로학습 성찰노트'에 기록된 정보를 활용하여 학습자는 자신의 구체적인 진로탐색활동을 구상하고 계획할 수 있다.

06 '진로학습 성찰노트'는 향후 포트폴리오나 자기소개서 등을 작성할 때, 진로와 관련된 학습자의 성장체험을 체계적으로 정리할 수 있는 기초자료가 된다.

07 '진로학습 성찰노트'는 학습내용과 학습과정에 각각 자율항목을 두고 있어 학생 자신이 생각하는 성찰 항목을 추가할 수 있다.

No.1

진로학습 성찰노트

강좌명:_____

수업 일시:_____년____월____일

영역	성찰 질문
학습내용	학습내용 중 새롭게 알게 된 흥미로운 사실은 무엇인가요?
	학습내용 중 더 알고 싶은 내용이 있다면 무엇이고, 그 이유는 무엇인가요?
	학습내용 중 가장 이해하기 어려웠던 내용은 무엇이고, 그것은 어떤 방법으로 해결할 생각인가요?
	학습내용 중 나의 진로탐색활동에 실제적으로 적용 가능한 것이 있다면 무엇인가요?
	[자율추가]
학습과정	학습과정은 어떤 과정(방식)으로 진행되었나요?
	학습과정에서 나와 교수자의 효과적인 학습전략은 무엇인가요?
	학습과정에 대한 나의 기여도(참여도)는 어떠했나요?
	학습과정에서 학습자 혹은 교수자가 개선해야 할 사항이 있다면 무엇인가요?
	지난 학습과정에서의 개선사항은 이번 학습과정에 반영이 되었나요?

MEMO

No.2

진로학습 성찰노트

강좌명:＿＿＿＿＿＿＿＿＿＿＿＿＿

수업 일시:＿＿＿＿년＿＿＿월＿＿＿일

영역	성찰 질문
학습내용	학습내용 중 새롭게 알게 된 흥미로운 사실은 무엇인가요?
	학습내용 중 더 알고 싶은 내용이 있다면 무엇이고, 그 이유는 무엇인가요?
	학습내용 중 가장 이해하기 어려웠던 내용은 무엇이고, 그것은 어떤 방법으로 해결할 생각인가요?
	학습내용 중 나의 진로탐색활동에 실제적으로 적용 가능한 것이 있다면 무엇인가요?
	[자율추가]
학습과정	학습과정은 어떤 과정(방식)으로 진행되었나요?
	학습과정에서 나와 교수자의 효과적인 학습전략은 무엇인가요?
	학습과정에 대한 나의 기여도(참여도)는 어떠했나요?
	학습과정에서 학습자 혹은 교수자가 개선해야 할 사항이 있다면 무엇인가요?
	지난 학습과정에서의 개선사항은 이번 학습과정에 반영이 되었나요?

MEMO

No.3 진로학습 성찰노트

강좌명:_____

수업 일시:_____년____월____일

영역	성찰 질문
학습내용	학습내용 중 새롭게 알게 된 흥미로운 사실은 무엇인가요?
	학습내용 중 더 알고 싶은 내용이 있다면 무엇이고, 그 이유는 무엇인가요?
	학습내용 중 가장 이해하기 어려웠던 내용은 무엇이고, 그것은 어떤 방법으로 해결할 생각인가요?
	학습내용 중 나의 진로탐색활동에 실제적으로 적용 가능한 것이 있다면 무엇인가요?
	[자율추가]
학습과정	학습과정은 어떤 과정(방식)으로 진행되었나요?
	학습과정에서 나와 교수자의 효과적인 학습전략은 무엇인가요?
	학습과정에 대한 나의 기여도(참여도)는 어떠했나요?
	학습과정에서 학습자 혹은 교수자가 개선해야 할 사항이 있다면 무엇인가요?
	지난 학습과정에서의 개선사항은 이번 학습과정에 반영이 되었나요?

MEMO

No.4 진로학습 성찰노트

강좌명:＿＿＿＿＿＿＿＿＿＿

수업 일시:＿＿＿＿＿년＿＿＿월＿＿＿일

영역	성찰 질문
학습내용	학습내용 중 새롭게 알게 된 흥미로운 사실은 무엇인가요?
	학습내용 중 더 알고 싶은 내용이 있다면 무엇이고, 그 이유는 무엇인가요?
	학습내용 중 가장 이해하기 어려웠던 내용은 무엇이고, 그것은 어떤 방법으로 해결할 생각인가요?
	학습내용 중 나의 진로탐색활동에 실제적으로 적용 가능한 것이 있다면 무엇인가요?
	[자율추가]
학습과정	학습과정은 어떤 과정(방식)으로 진행되었나요?
	학습과정에서 나와 교수자의 효과적인 학습전략은 무엇인가요?
	학습과정에 대한 나의 기여도(참여도)는 어떠했나요?
	학습과정에서 학습자 혹은 교수자가 개선해야 할 사항이 있다면 무엇인가요?
	지난 학습과정에서의 개선사항은 이번 학습과정에 반영이 되었나요?

MEMO

No.5

진로학습 성찰노트

강좌명:_____

수업 일시:_____년____월____일

영역	성찰 질문
학습내용	학습내용 중 새롭게 알게 된 흥미로운 사실은 무엇인가요?
	학습내용 중 더 알고 싶은 내용이 있다면 무엇이고, 그 이유는 무엇인가요?
	학습내용 중 가장 이해하기 어려웠던 내용은 무엇이고, 그것은 어떤 방법으로 해결할 생각인가요?
	학습내용 중 나의 진로탐색활동에 실제적으로 적용 가능한 것이 있다면 무엇인가요?
	[자율추가]
학습과정	학습과정은 어떤 과정(방식)으로 진행되었나요?
	학습과정에서 나와 교수자의 효과적인 학습전략은 무엇인가요?
	학습과정에 대한 나의 기여도(참여도)는 어떠했나요?
	학습과정에서 학습자 혹은 교수자가 개선해야 할 사항이 있다면 무엇인가요?
	지난 학습과정에서의 개선사항은 이번 학습과정에 반영이 되었나요?

MEMO

No.6

진로학습 성찰노트

강좌명:_____

수업 일시:_____년____월____일

영역	성찰 질문
학습내용	학습내용 중 새롭게 알게 된 흥미로운 사실은 무엇인가요?
	학습내용 중 더 알고 싶은 내용이 있다면 무엇이고, 그 이유는 무엇인가요?
	학습내용 중 가장 이해하기 어려웠던 내용은 무엇이고, 그것은 어떤 방법으로 해결할 생각인가요?
	학습내용 중 나의 진로탐색활동에 실제적으로 적용 가능한 것이 있다면 무엇인가요?
	[자율추가]
학습과정	학습과정은 어떤 과정(방식)으로 진행되었나요?
	학습과정에서 나와 교수자의 효과적인 학습전략은 무엇인가요?
	학습과정에 대한 나의 기여도(참여도)는 어떠했나요?
	학습과정에서 학습자 혹은 교수자가 개선해야 할 사항이 있다면 무엇인가요?
	지난 학습과정에서의 개선사항은 이번 학습과정에 반영이 되었나요?

MEMO

No.7

진로학습 성찰노트

강좌명:_____

수업 일시:_____년____월____일

영역	성찰 질문
학습내용	학습내용 중 새롭게 알게 된 흥미로운 사실은 무엇인가요?
	학습내용 중 더 알고 싶은 내용이 있다면 무엇이고, 그 이유는 무엇인가요?
	학습내용 중 가장 이해하기 어려웠던 내용은 무엇이고, 그것은 어떤 방법으로 해결할 생각인가요?
	학습내용 중 나의 진로탐색활동에 실제적으로 적용 가능한 것이 있다면 무엇인가요?
	[자율추가]
학습과정	학습과정은 어떤 과정(방식)으로 진행되었나요?
	학습과정에서 나와 교수자의 효과적인 학습전략은 무엇인가요?
	학습과정에 대한 나의 기여도(참여도)는 어떠했나요?
	학습과정에서 학습자 혹은 교수자가 개선해야 할 사항이 있다면 무엇인가요?
	지난 학습과정에서의 개선사항은 이번 학습과정에 반영이 되었나요?

MEMO

No.8

진로학습 성찰노트

강좌명:_____

수업 일시:_____ 년 ____ 월 ____ 일

영역	성찰 질문
학습내용	학습내용 중 새롭게 알게 된 흥미로운 사실은 무엇인가요?
	학습내용 중 더 알고 싶은 내용이 있다면 무엇이고, 그 이유는 무엇인가요?
	학습내용 중 가장 이해하기 어려웠던 내용은 무엇이고, 그것은 어떤 방법으로 해결할 생각인가요?
	학습내용 중 나의 진로탐색활동에 실제적으로 적용 가능한 것이 있다면 무엇인가요?
	[자율추가]
학습과정	학습과정은 어떤 과정(방식)으로 진행되었나요?
	학습과정에서 나와 교수자의 효과적인 학습전략은 무엇인가요?
	학습과정에 대한 나의 기여도(참여도)는 어떠했나요?
	학습과정에서 학습자 혹은 교수자가 개선해야 할 사항이 있다면 무엇인가요?
	지난 학습과정에서의 개선사항은 이번 학습과정에 반영이 되었나요?

MEMO

No.9 진로학습 성찰노트

강좌명:_____

수업 일시:_____년____월____일

영역	성찰 질문
학습내용	학습내용 중 새롭게 알게 된 흥미로운 사실은 무엇인가요?
	학습내용 중 더 알고 싶은 내용이 있다면 무엇이고, 그 이유는 무엇인가요?
	학습내용 중 가장 이해하기 어려웠던 내용은 무엇이고, 그것은 어떤 방법으로 해결할 생각인가요?
	학습내용 중 나의 진로탐색활동에 실제적으로 적용 가능한 것이 있다면 무엇인가요?
	[자율추가]
학습과정	학습과정은 어떤 과정(방식)으로 진행되었나요?
	학습과정에서 나와 교수자의 효과적인 학습전략은 무엇인가요?
	학습과정에 대한 나의 기여도(참여도)는 어떠했나요?
	학습과정에서 학습자 혹은 교수자가 개선해야 할 사항이 있다면 무엇인가요?
	지난 학습과정에서의 개선사항은 이번 학습과정에 반영이 되었나요?

MEMO

No.10

진로학습 성찰노트

강좌명:_____

수업 일시:_____년____월____일

영역	성찰 질문
학습내용	학습내용 중 새롭게 알게 된 흥미로운 사실은 무엇인가요?
	학습내용 중 더 알고 싶은 내용이 있다면 무엇이고, 그 이유는 무엇인가요?
	학습내용 중 가장 이해하기 어려웠던 내용은 무엇이고, 그것은 어떤 방법으로 해결할 생각인가요?
	학습내용 중 나의 진로탐색활동에 실제적으로 적용 가능한 것이 있다면 무엇인가요?
	[자율추가]
학습과정	학습과정은 어떤 과정(방식)으로 진행되었나요?
	학습과정에서 나와 교수자의 효과적인 학습전략은 무엇인가요?
	학습과정에 대한 나의 기여도(참여도)는 어떠했나요?
	학습과정에서 학습자 혹은 교수자가 개선해야 할 사항이 있다면 무엇인가요?
	지난 학습과정에서의 개선사항은 이번 학습과정에 반영이 되었나요?

MEMO

제4장
나만의
진로 로드맵

자아탐색 / 진로탐색 / 진로이해 / 진로설계 / 진로개척

나만의 진로 로드맵

1. 자아탐색

자아탐색 워크시트

검사종류	유형 및 특성	키워드
내가 보는 나		
타인이 보는 나		
적성	[워크넷 직업적성 검사]	
흥미, 성격	[워크넷 직업선호도 검사]	
가치관	[워크넷 직업가치관 검사]	

2. 진로탐색

1) 진로탐색 독서하기

■ 진로탐색도서(예시)

순번	책제목	저자	출판사
1	나는 무슨 일을 하며 살아야 할까	이철수 외 지음	철수와 영희
2	성적은 짧고 직업은 길다	탁석산 지음	창비
3	행복한 고집쟁이들	박종인 지음	나무생각
4	내가 걸은 만큼만 내 인생이다	강불 외 지음	한겨레출판사
5	로드스쿨러	고글리 지음	또하나의 문화
6	가슴 뛰는 삶의 이력서로 다시 써라	볼프강 하펜마이어 외 지음	바다출판사
7	길은 학교다	이보라 지음	한겨레출판사
8	거꾸로 가는 시내버스	안건모 지음	보리
9	도무라 반점의 형제들	세오 마이코 지음	양철북
10	길에서 만난 사람들	하종강 지음	후마니타스
11	준비가 알차면 직업이 즐겁다	탁석산 지음	우리교육
12	원순씨를 빌려 드립니다	박원순 지음	21세기북스
13	10대, 세상을 디자인하다	바바라 A. 루이스 지음	소금창고
14	진로 독서	임성미 지음	꿈결
15	나에게 꼭 맞는 직업을 찾는 책	폴. D. 티거, 바바라 배런 지음	민음인
16	뭘 해도 괜찮아	이남석 지음	사계절
17	십대 책에서 길을 묻다	김애리 지음	북씽크
18	꿈 스케치	임영복 지음	국일미디어

📚 진로탐색도서(예시)

순번	책제목	저자	출판사
1	북북서로 진로를	조월례, 간정선 외 지음	나무늘보
2	청소년 진로카페	허은영 지음	북멘토
3	역사 속에 사라진 직업들	미하엘라 비저 지음	지식채널
4	나만의 북극성을 찾아라 1, 2, 3	홍기운, 김승 지음	미디어숲
5	그냥 컬링	최상희 지음	비룡소
6	십대를 위한 진로 콘서트	권순이, 오흥빈, 은혜정 지음	꿈결
7	세상을 바꾸는 천 개의 직업	박원순 지음	문학동네
8	톡 까놓고 직업 톡	김상호 지음	조선앤북
9	너의 꿈에는 한계가 없다	이영남 지음	민음인
10	직업 옆에 직업옆에 직업	파트리시아 올 지음	미세기
11	공상이상 직업의 세계	김봉석 지음	한겨레출판
12	예술가들의 대화	김지연, 임영주 엮음	아트북스
13	과학해서 행복한 사람들	안여림 외 지음	사이언스북스
14	번역에 살고 죽고	권남희 지음	마음산책
15	내가 즐거우면 세상이 즐겁다	밥장 지음	마음산책
16	스튜어디스 비밀노트	정진희 외 지음	씨네21북스
17	여행도 하고 돈도 버는 여행작가 한 번 해 볼까	채지형, 김남경 지음	위즈덤하우스
18	모형 속을 거닐다	이일훈 지음	솔
19	나는 브라질로 간다	한정기 지음	비룡소
20	국가대표 공학도에게 진로를 묻다	YEHS 지음	생각의나무
21	예술가로 살아가기	KT&G 상상마당 열린포럼	상상마당
22	이벤트 연출가	고바야시 유지 지음	커뮤니케이션북스

23	음악 또라이들	박준희 지음	국일미디어
24	일곱 개의 별을 요리하다	에드워드 권 지음	북하우스
25	그녀의 비행기 타는 법	전미애, 김소운, 최보윤 지음	달
26	청년 반크, 세계를 품다	박기태 지음	랜덤하우스 코리아
27	병수는 광대다	박기범 지음	현실문화연구
28	꿈이 나를 뛰게 한다	민학수 지음	민음인
29	파리로 간 한복쟁이	이영희 지음	디자인하우스
30	나는 유엔으로 간다	이혜원 지음	한솜미디어
31	라스베이거스 요리사 아키라 백	아키라 백, 최상태 지음	김영사
32	꿈으로 세상을 제패하다	마이클 펠프스 지음	이미지박스
33	미대 나와서 무얼 할까	박정준 지음	안그라픽스
34	명품명장 통영 12공방 이야기	조윤주 지음	디자인하우스
35	겁 없이 꿈꾸고 거침없이 도전하라	홍은아 지음	라이프맵
36	광고천재 이제석	이제석 지음	학고재
37	할 수 있다, 믿는다, 괜찮다	김주희 지음	다산책방
38	나는 시민기자다	김혜원, 송성영 외 지음	오마이북
39	I am a Designer(나는 디자이너다)	김나영 지음	청년정신
40	국제기구 멘토링	정홍상 지음	하다
41	로봇 다빈치, 꿈을 설계하다	데니스 홍 지음	샘터
42	안소연의 성우되는 법	안소연 지음	시대교육
43	텐텐 영화단	김혜정 지음	사계절
44	별은 스스로 빛나지 않는다	박성혜 지음	씨네21
45	초콜릿초콜릿	프랜시 박, 진저 박 지음	라이프맵
46	동물원에서 프렌치 키스하기	최종욱 지음	반비
47	연예인 되기 프로젝트	이현숙 지음	지식채널

48	과학자의 서재	최재천 지음	명진출판사
49	즐겁게 미친 큐레이터	이일수 지음	생각의나무
50	오늘도 세상 끝에서 외박 중	김진만 지음	리더스북
51	웃음만이 우리를 구원하리라	박성호 외 지음	예담
52	올댓드라마티스트	스토리텔링콘텐츠연구소	이야기공작소
53	내 얘기를 들어줄 단 한 사람이 있다면	조우성 지음	리더스북
54	내 이름은 생명입니다	권준교 지음	책과나무
55	옥탑방 슈퍼스타	최상희 지음	한겨레틴틴
56	판타스틱 걸	김혜정 지음	비룡소
57	학교에서 영화찍자	안슬기 지음	다른
58	나는 세계로 출근한다	박은영 지음	21세기북스
59	고교생 레스토랑	오세웅 지음	함께북스
60	사진가로 사는 법	이상엽 지음	이매진

[출처: 정독도서관의 진로·인성도서 목록 자료집 '펼쳐라 꿈꿔라 날아라' 등에서 인용]

2) 진로탐색 체크리스트 작성하기

진로탐색 체크리스트
1) 일은 왜 해야 하는가?
2) 나의 직업선택에서 가장 중요한 요소는 무엇인가?
3) 나의 흥미와 적성에 맞는 직업인가?
4) 미래 지속가능한 직업인가?
5) 앞으로 생겨날 직업은 무엇인가?
6) 앞으로 사라질 직업은 무엇인가?

3) 직업가치관 관련 동영상 시청하기

TED(https://www.ted.com) 강연 동영상

예) Mike Rowe 강연 - 모든 종류의 직업을 예찬하다!

3. 진로이해

1) 국가직무능력표준(National Competency Standards) 사이트에서 직업능력 조사하기

(1) 직업기초능력(NCS, 국가직무능력표준)

의사소통능력	수리능력	문제해결능력	자기개발능력	자원관리능력
대인관계능력	정보능력	기술능력	조직이해능력	직업윤리능력

(2) NCS 및 학습모듈 검색

[출처: 국가직무능력표준 https://www.ncs.go.kr/index.do]

2) 인터넷에서 직업 · 직무 관련 인터뷰 찾아보기

(1) 커리어넷(http://www.career.go.kr/cnet/front/main/main.do)

[출처: http://www.career.go.kr/cnet/front/web/movie/catMapp/catMappList.do]

4. 진로 설계

1) 관심학과(관심학부) 체크리스트 작성하기

관심학과 체크리스트
① 나의 희망 학과(학부)는 무엇인가?
② 나의 희망학과의 세부전공은 무엇인가?
③ 희망학과의 교육과정은 무엇인가?
④ 희망학과의 진로전망은 무엇인가?
⑤ 희망학과가 있는 대학은 어디인가?

5. 진로개척

1) 진로개척 선언문 작성하기

진로개척 선언문

꿈을 실현시키기 위한 나의 각오

나는 앞으로 나의 꿈을 찾고 개척하는 사람이 되겠습니다.
이를 위해 나는 다음의 계획을 반드시 실천하도록 하겠습니다.

1)

2)

3)

4)

5)

년   월   일

이름: (서명)

신현정

한국외국어대학교 일본어과를 졸업하고, 고려대학교 교육학과에서 석사학위와 박사학위를 취득했다. 진로교육전문가로 활동하고 있으며 한국일본교육학회 총무이사와 한국생활상담협회 대외협력위원장을 맡고 있다. 일본 가나가와치과대학 교수를 거쳐 현재는 중부대학교 교양학부 교수로 재직 중이다.

저서로는 『일본어 능력시험의 달인이 되는 법』, 『간바레 일본어 능력시험』, 『파트별 파워풀 일본어 단어장』 등이 있으며, 역서로는 『기적의 대학-국제교양대학은 어떻게 인재를 키워내는가』, 『선생이 부서져간다』, 『친구지옥』, 『샐러드 기념일』, 『F4 선언일기(성공하는 사람들의 영어습관)』 등이 있다.

'우리는 왜 대학에 가는가'에 답하라!
─10대를 위한 진로노트

초판 1쇄 발행   2018년 3월 29일
초판 5쇄 발행   2020년 5월 22일

지은이   신현정
펴낸이   이대현

편 집   이태곤 권분옥 문선희 백초혜
디자인   안혜진 최선주 김주화
영 업   박태훈 안현진
펴낸곳   도서출판 역락
　　　　서울 서초구 동광로46길 6-6 문창빌딩 2층(우06589)
　　　　전화 02-3409-2058(영업부), 02-3409-2060(편집부)
　　　　팩시밀리 02-3409-2059
　　　　홈페이지 www.youkrackbooks.com
　　　　이메일 youkrack@hanmail.net
　　　　등록 1999년 4월 19일 제303-2002-000014호
　ISBN 979-11-6244-209-8 03370

* 정가는 표지에 있습니다.
* 파본은 구입처에서 교환해 드립니다.

■ 이 도서의 국립중앙도서관 출판예정도서목록(CIP)은 서지정보유통지원시스템 홈페이지(http://seoji.nl.go.kr)와 국가자료공동목록시스템(http://www.nl.go.kr/kolisnet)에서 이용하실 수 있습니다.(CIP제어번호: 2018009169)